Christian A. Schwarz

As 3 Cores da Liderança

*Como qualquer pessoa pode aprender
a arte de capacitar outras pessoas*

Tradução: Cláudia Gil

RECURSOS PRÁTICOS DO DNI

Curitiba
2014

Quando pensamos em liderança, muitas pessoas entendem o termo como um sinônimo de sucesso e definem o sucesso em termos de riqueza e fama. Liderança é um método para se tornar rico e famoso?

Quando escrevi este livro, tinha em mente as pessoas que, ao longo de suas vidas, tiveram influência de capacitação de outros.

A maioria delas não é rica e nem famosa, e isso tornou muito claro para mim que capacitar a liderança não tem a menor afinidade com riqueza e fama.

Tive a sorte de encontrar vários líderes que queriam investir em minha vida porque acreditavam em mim. Eles queriam que eu crescesse e me viram crescer. Eles me ensinaram que a única maneira pela qual eu poderia devolver um pouco do que recebi seria passar para os outros.

Isto é o que espero fazer através deste livro. Eu o dedico às pessoas que abençoaram minha vida, me capacitando.

Em particular, gostaria de agradecer aos outros dois membros de minha equipe de liderança do DNI Internacional, Adam Johnstone e Christoph Schalk. À medida que vocês lerem as próximas páginas, sentirão claramente a influência que tiveram em minha vida.

C.A.S.

As 3 cores da liderança

Como qualquer pessoa pode aprender a arte de capacitar outras pessoas

Título do original: The 3 Colors of Leadership
© 2012 por Christian A. Schwarz, NCD Media, Emmelsbüll, Alemanha
© Edição EUA: 2012 por ChurchSmart Resouces - 3830 Ohio Ave., St. Charles, OL 60174
© 2014 Editora Evangélica Esperança
Layout e Gráficos: Christian A. Schwarz
Tradução: Cláudia Gil
Revisão: Josiane Zanon Moreschi
Edição: Sandro Bier

Dados Internacionais de Catalogação na Publicação (CIP)
(Câmara Brasileira do Livro, SP, Brasil)

Schwarz, Christian A.

    As 3 cores da liderança : como qualquer pessoa pode aprender a arte de capacitar outras pessoas / Christian A. Schwarz ; tradução Cláudia Gil. - - Curitiba : Editora Esperança, 2014.

    Título original: The 3 Colors of Leadership.
    ISBN 978-85-7839-2

    1. Liderança cristã   2. Vida cristã I. Título.

14-11317	CDD-253

Índice para catálogo sistemático:

1. Liderança cristã : Cristianismo   253

Proibida a reprodução do livro ou parte dele.

Por trás de todos os livros da série Desenvolvimento Natural da Igreja há dispendiosos projetos de pesquisa que o Instituto para o Desenvolvimento Natural da Igreja desenvolveu nos cinco continentes. Os custos deste desenvolvimento são cobertos exclusivamente com a venda destes livros. Quem divulga os materiais de apoio por meio de fotocópias compromete a continuidade do trabalho de edificação da igreja feito pelo instituto, especialmente em países fora do mundo ocidental.

As 3 Cores da liderança

Introdução: Capacitando-se para capacitar outras pessoas...........4

**Parte 1:
Você é um líder?—
não presuma a resposta**..9

Qual a essência da liderança?...10
Capacitação – ou apenas poder?...14
Uma mudança radical de perspectiva.......................................18
As três dimensões da liderança...21
Asas características necessárias..26
O segredo: caráter mais dom mais treinamento.......................30
Capacitação: produzindo mais líderes......................................33
Os Davis do DNI – os verdadeiros motivadores e agitadores.....36

**Parte 2:
As 6 Asas Características—
chave para a capacitação**..41

O Teste de Capacitação...42
Compreendendo os resultados..46
As duas asas da visão..51
As duas asas da experimentação...59
As duas asas da capacidade..67
As duas asas da estratégia...75
As duas asas do treinamento...83
As duas asas da progressão...91

**Parte 3:
Dinâmica de Mudança Espiritual—
conversas capacitadoras**...99

O que é dinâmica de mudança espiritual...............................100
Perguntas de visão..106
Perguntas de experimentação...112
Perguntas de capacidade..118
Perguntas de estratégia...124
Perguntas de treinamento...130
Perguntas de progressão...136
A arte de capacitar futuros líderes..142

Introdução: Capacitando-se para capacitar outras pessoas

Por que é obrigatório que enfrentemos a crise de liderança global e que cada leitor deste livro contribua para esse objetivo, permitindo que seu potencial oculto seja desbloqueado? Ao falar aos representantes tanto de organizações cristãs quanto seculares, sempre ouço que as maiores dificuldades que eles enfrentam estão relacionadas a questões de liderança. Isso se manifesta em:

- falta de líderes (*não o suficiente*),
- líderes inadequadamente treinados (*não capacitados*), ou
- líderes que simplesmente não fazem o que seria a coisa mais importante que deveriam fazer (*não capacitam*).

Se esta é a situação, temos que fazer algo sobre isso. O que nosso mundo precisa desesperadamente a fim de enfrentar os desafios do futuro é de líderes mais capacitados que possam capacitar outros. Pessoas corajosas que estejam dispostas e sejam capazes de animar os outros, transformando os encontros cotidianos em momentos de capacitação. Se juntos pudermos fazer acontecer, isso impactará de forma dramática os maiores desafios no seu mundo e no meu.

Mais na web:

*Este livro foi deliberadamente feito para ser breve. Se você deseja se aprofundar, pode encontrar mais informações em **www.3colorsofleadership.org**. Os temas abordados estão listados na seção "Mais na Web" em todo o livro.*

Revelando insights de 70 mil igrejas

Percebendo a urgência dessa tarefa, tenho investido a maior parte do meu tempo em pesquisar liderança e iniciar processos práticos de capacitação. No DNI Internacional, nos encontramos em uma posição privilegiada devido aos dados que coletamos nos últimos 18 anos de construção de nossa rede para o Desenvolvimento Natural da Igreja.

A enorme quantidade de informação me permitiu obter insights sobre os padrões de liderança de dezenas de milhares de líderes de tempo integral e um número ainda maior de líderes leigos. Em particular, permitiu observar o desenvolvimento da liderança ao longo de um espaço de tempo considerável. As lições aprendidas através da triagem dessa progressão da vida real (em vez de focar principalmente experiências próprias de ideias favoritas) são inestimáveis.

Até o momento, pesquisamos mais de 70 mil igrejas em 90 países. Se fôssemos separar todas as respostas dos questionários e colá-las uma à outra, obteríamos uma faixa de papel circulando o globo quase duas vezes. Inicialmente esse volume de dados pode parecer um exagero, já que ninguém precisa de *tantos* dados para pesquisas empíricas. No entanto, para o nosso estudo recente de liderança, realmente dependíamos desses números enormes. Com uma quantidade menor de dados teria sido impossível identificar os subsegmentos mais relevantes dentro dessa amostra sobre a qual focamos nossa detalhada pesquisa (veja página 36). Por essa razão, este livro não poderia ter sido escrito anteriormente. No passado, nós simplesmente não tínhamos os dados que temos agora.

Os três elementos-chave deste livro

As observações que surgiram são impressionantes. Enquanto algumas das visões tradicionais sobre liderança foram confirmadas, muitas ideias novas vieram à luz. Durante o restante deste livro, você vai encontrar a matéria do que tenho sido privilegiado em descobrir ao longo dos últimos anos:

- Uma descrição detalhada dos **seis princípios básicos** da liderança (a essência da essência, por assim dizer), sua relação uns com os outros e como eles podem prejudicar ou fortalecer uns aos outros – dinâmicas que têm sido muitas vezes negligenciadas ou mesmo completamente ignoradas no passado. Esta é a principal ênfase das partes 1 e 2 deste livro.

- Instrução prática para descobrir seu **ponto de partida** pessoal. Uma vez que os pontos de partida diferem de indivíduo para indivíduo, desenvolvemos o Teste de Capacitação (página 42) para ajudá-lo a avaliar seus pontos fortes e fracos e usá-los como uma ferramenta para capacitar os outros também. O teste permite processos de capacitação de transformação de vida que não seriam possíveis, ou, pelo menos, seriam muito difíceis sem ele.

- **Dinâmica de Mudança Espiritual** como um método para ajudá-lo a colocar todas essas ideias em prática – e colocá-las em prática imediatamente. Você pode literalmente começar amanhã. Como isso funciona em termos práticos está descrito na Parte 3 deste livro.

Treinamento de liderança, sem investimento de tempo adicional

Há algum tempo falei com o presidente de uma denominação importante, a quem chamarei de Patrick. Juntos, exploramos a aplicação do Desenvolvimento Natural da Igreja (DNI) em sua denominação.

Patrick: Quais são os efeitos a longo prazo do DNI – não o que você espera, mas o que você pode realmente verificar em termos de mudança visível?

Christian: Em média, as igrejas que tenham completado três ou mais Perfis DNI têm experimentado os seguintes resultados: sua qualidade aumentou em 6 pontos, e sua taxa de crescimento, em 51 por cento.

Patrick: Certo, estas são suas histórias de sucesso. Mas e quanto às outras igrejas, as médias?

Christian: Na verdade, esses dados não são só das igrejas bem-sucedidas, mas de *todas* as igrejas que completaram três ou mais perfis. Os números já incluem os que têm problemas ou falham.

Patrick: Então você está dizendo que é realista para qualquer denominação alcançar esses mesmos resultados.

Christian: Exatamente. Qualquer denominação que inicie esse processo pode esperar esses resultados dentro de dois a três anos. É muito mais provável que aconteça do que não. Naturalmente, isso se aplica à sua denominação também.

Patrick: Pode ter certeza de que eu gostaria de ver isso acontecer.

Christian: Mas?

Patrick: Mas precisamos das pessoas certas para fazer isso acontecer.

Christian: Você quer dizer que precisa de mais líderes, certo?

Patrick: Exatamente. Há uma escassez de líderes em todos os lugares. É o problema número um em nossas igrejas.

Christian: Você tem dezenas de executivos denominacionais, centenas de pastores e milhares de trabalhadores leigos. Eu presumiria que a maioria deles são pessoas talentosas e altamente comprometidas.

Patrick: É verdade. No entanto, eu não acho que a maioria delas estaria disposta ou seria capaz de trabalhar no tipo de mudança que implica o DNI.

Christian: Qual é o obstáculo?

Patrick: O DNI precisa de capacitação. Mas a esmagadora maioria dos nossos líderes nunca foi capacitada.

Christian: Então vamos começar a capacitá-los.

Patrick: Não quero contrariar, mas quem exatamente você espera que faça isso?

Christian: Você, Patrick. Esta é a sua principal responsabilidade como presidente da denominação.

Patrick: Você sabe, Christian, que eu tenho muitas responsabilidades e já trabalho 60 horas por semana.

Christian: Imagine uma forma de capacitação que você possa aplicar ao fazer as coisas que, de qualquer maneira, têm que ser feitas – visitações, reuniões de comissões, e-mails, conversas, gestão de conflitos – sem qualquer investimento adicional de tempo.

Patrick: Parece bom – na verdade, bom demais para ser verdade. Vá em frente.

Christian: No final, você teria muito mais líderes que, não só foram capacitados, mas também aprenderam a capacitar os outros. Sem investimento de tempo adicional. Sem instituições de formação adicionais. Nem mais dinheiro é necessário.

Patrick: Mas custa dinheiro.

Christian: Na verdade, para cada dólar que você investir no processo terá vários dólares de volta. Isso não é uma ilusão. É uma verificação empírica. E você verá os efeitos de forma relativamente rápida. Trinta e um meses

Mais na web:

Em 3colorsofleadership.org você vai encontrar respostas para as seguintes questões:

- *Qual é o fundo empírico para dizer: "Para cada dólar que você investir no processo terá vários dólares de volta"?*

- *Como posso proativamente participar na comunidade do "As 3 cores da liderança"?*

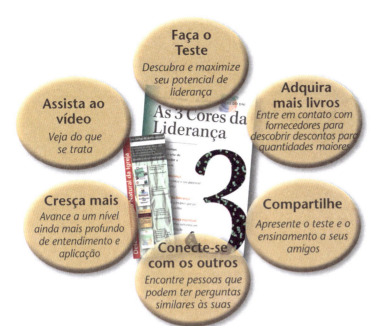

3colorsofleadership.org é uma porta de entrada para uma grande variedade de ferramentas para ajudá-lo a implementar e compartilhar os princípios apresentados neste livro.

O marcador de páginas incluído contém um código de acesso, que você pode usar neste web site, permitindo que você faça o Teste de Capacitação.

a partir de agora e toda a sua denominação pode parecer radicalmente diferente – bem equipada para enfrentar os desafios do futuro.

Patrick: Hmm. Se as coisas são realmente assim tão simples, eu gostaria de tentar.

Christian: A parte complicada é ser consistente na aplicação dessa abordagem simples. Seria certamente benéfico para a sua denominação ter um presidente que demonstrou essa consistência.

Você é um líder? – Não presuma a resposta

Esse trecho de minha conversa com Patrick é típico. Se falo com executivos de empresas, pastores, líderes de pequenos grupos, plantadores de igreja, ou pessoas que estão apenas começando seu próprio negócio, o padrão é sempre o mesmo. Quase todos reconhecem a urgente necessidade de capacitar líderes que sejam capazes de capacitar outros. Mas poucos investem de forma proativa em um processo que faça isso acontecer.

Não conheço sua situação pessoal. A única informação que tenho é que você, por qualquer motivo, está interessado no tema da capacitação de liderança. Talvez você seja responsável por milhares de outras pessoas e se considere um líder forte. Seu objetivo ao estudar este livro pode ser, principalmente, trabalhar suas habilidades de capacitação e identificar suas necessidades de formação específicas a fim de alcançar o próximo nível de liderança.

Ou você pode estar entre as muitas pessoas que não se considerariam "líderes". Talvez tenha uma loja de conveniências ou um ministério relativamente pequeno dentro de sua igreja local, sem um título de liderança e sem desejo de ter um. No entanto, seu trabalho influencia pessoas, e você gostaria de aumentar a influência tanto em qualidade quanto em quantidade. Se a sua situação se encaixa nessa descrição, este livro é tão relevante para você como é para um líder com uma alta visibilidade, com ministério em todo o país.

Claro, nem todo mundo é um líder, nem todo mundo deveria ser. Mas há definitivamente mais pessoas que têm potencial de liderança do que estão atualmente cientes. Através da leitura das páginas seguintes e da conclusão do *Teste de Capacitação*, ou aplicando a *Dinâmica de Mudança Espiritual*, você pode descobrir seu potencial de liderança, e pode desejar liberá-lo. Este livro vai ajudá-lo a fazer exatamente isso.

Ao escrever este livro, meu objetivo foi desenvolver uma ferramenta que pudesse ser usada tanto por bispos, para capacitar todos os seus pastores, quanto por líderes de pequenos grupos, para capacitar os membros de seu grupo. Em particular, eu tinha em mente aquelas pessoas que ainda questionam se Deus as quer ou não ministrando em uma posição de liderança. Por último, mas não menos importante, pensei em quem tem responsabilidade de liderança fora de um contexto relacionado com igreja. Mesmo que nossa pesquisa tenha sido focada em igrejas, os princípios que identificamos são universalmente aplicáveis.

O cerne da liderança capacitadora

Tome um momento para pensar sobre seus encontros com líderes. Você já se pegou admirando o líder, mas sentindo-se pessoalmente menor do que antes? A distância entre o "grande líder" por um lado, e sua própria situação por outro, pode ter aumentado sua imagem de líder, mas diminuído sua visão de si mesmo.

Você também deve se lembrar de outros encontros em que o resultado foi o oposto – no final da reunião, você se sentiu notavelmente mais forte; teve a impressão de que *você* tinha crescido. E foi mais do que apenas a sua impressão; havia indícios claros de seu crescimento em suas interações subsequentes com outras pessoas.

Claro, é puramente retórico perguntar qual dessas experiências foi mais benéfica para você. Qual delas expressou capacitação de liderança e qual não? Mas é muito mais do que retórico perguntar quais efeitos você gostaria de ver quando os outros passam tempo com *você*. *Você* quer crescer aos olhos deles? Ou você quer que *eles* cresçam? Em outras palavras, você está buscando principalmente ajudantes para executar *sua própria* visão, ou está empenhado em ajudar os outros a executarem a visão *deles*?

Se o primeiro é válido, você pode se sentir frustrado com este livro. No entanto, se você está empenhado em ver outras pessoas crescerem – em maturidade, em responsabilidade e, possivelmente, em se tornarem líderes – as próximas 136 páginas podem rapidamente ser transformadas de meras páginas em um livro para a sua própria bússola de crescimento pessoal.

Instituto para o Desenvolvimento Natural da Igreja   Christian A. Schwarz

Parte 1

Você é um líder?— Não presuma a resposta

Ao pensar sobre liderança uma variedade de estereótipos vêm à mente: o diretor-presidente de uma empresa multinacional. Um político famoso. O pastor de uma megaigreja. Um gerente com uma personalidade dominante. O vendedor de sucesso. Esses estereótipos são mais contraproducentes do que úteis. O fato de que muitas dessas pessoas podem ser bem conhecidas por suas realizações nos cega para o fato de que podem ser líderes pobres. Além disso, esses estereótipos podem impedir milhões de pessoas comuns de reconhecerem uma potencial liderança que está dentro delas, e que ninguém as ajudou a identificar.

Qual é a essência da liderança?

Quando você estuda livros sobre liderança e os compara com livros sobre "sucesso", às vezes tem a impressão de que os dois conceitos são intercambiáveis. O que torna uma pessoa um grande líder? No final do dia, é o fato de que ele ou ela é muito bem-sucedido; todo o resto foi um meio para esse fim. E como essas pessoas alcançam seu sucesso? Em primeiro lugar, através da aplicação de técnicas de liderança.

A equação parece quase recíproca: aprenda técnicas de sucesso e você vai se tornar um grande líder; aprenda técnicas de liderança e você vai se tornar muito bem-sucedido. Em alguns livros, você poderia, na verdade, substituir o termo "líder" por "pessoa de sucesso" – e vice-versa – e nada mudaria.

Um conceito impreciso de liderança

Não há dúvida de que o *sucesso* é um tema importante, que merece reflexão cuidadosa. E também não há dúvida de que a *liderança* é um tema importante, que merece uma reflexão cuidadosa. Mas os dois tópicos são radicalmente diferentes e têm muito menos em comum do que a literatura popular nos quer fazer crer.

As coisas ficam ainda mais confusas quando estudamos como o sucesso é geralmente definido. Às vezes não é definido, uma vez que, presumivelmente, não requer definição. É simplesmente dado por certo que todo mundo sabe que o sucesso é igual a se tornar rico e famoso. Não é nem mesmo necessário mencioná-lo. Alternativamente, o termo é definido, e o estereótipo do rico e famoso está explicitamente confirmado.

Se esses dois conceitos imprecisos (a confusão de liderança com sucesso e a ausência de uma definição de sucesso) são combinados, o resultado é uma mistura altamente turva. Já que liderança é vista por muitos como um meio para o sucesso – e sucesso é entendido como ser rico e famoso – a liderança torna-se um meio de adquirir riqueza e fama. Quando você estuda livros caracterizados por essa abordagem, pode aprender muito sobre como se tornar rico e famoso. Mas será que aprenderá alguma coisa sobre liderança?

Minha tese é: Não, você não vai. Uma vez que essa confusão é generalizada e tem ainda influenciado muitos autores cuja abordagem à liderança é bem diferente, acredito que vale a pena dar uma olhada mais de perto nesses conceitos predominantes mas problemáticos.

Confundindo liderança com sucesso

Quando confundida com sucesso, a liderança é abordada da seguinte forma: "Seu objetivo é ser bem-sucedido. Já que você não pode alcançar o sucesso por conta própria, vai precisar de outras pessoas para ajudá-lo. Já que terá que utilizar essas pessoas para seus propósitos, terá que fornecer liderança. Como liderança é tão importante, precisará seguir os meus princípios de liderança". Em escritos mais atuais, você pode até ler sobre a necessidade de capacitar as pessoas sob sua liderança, uma vez que a capacitação tem provado ser uma ferramenta eficaz para atingir seus objetivos.

Devo admitir que, na esfera cristã, raramente se encontra este tipo de raciocínio, especialmente em sua forma explícita. No entanto, não é difícil detectar traços dessa abordagem, mesmo em livros cristãos. O que Jim Collins chama de *gênio com mil ajudantes* (um resultado direto do raciocínio acima) tem seu equivalente direto na esfera cristã. Como tal, os membros da igreja são vistos como auxiliares que ajudam o líder a alcançar seus objetivos.

É impressionante a rapidez com que o título de "líder cristão" é atribuído a quase todo cristão que se tornou famoso. Essa prática generalizada é problemática de duas maneiras:

- Em primeiro lugar, não estou realmente certo se todos os cristãos que se tornaram famosos (como professores, evangelistas, conselheiros, autores, etc.) têm realmente um desempenho tão bom como *líderes*.
- Em segundo, apresentar esses indivíduos como modelos para a liderança pode *impedir* milhões de pessoas, que não são famosas nem nunca serão, de descobrirem o potencial de liderança que reside dentro delas.

Um conceito questionável de sucesso

Fazer uma distinção entre liderança e sucesso não implica em que os líderes não devam esforçar-se para ser bem-sucedidos. Claro que devem! Tudo depende de como o sucesso é definido. Realmente não é tão difícil demonstrar que critérios como a riqueza ou a fama (mesmo que possam ser, em alguns casos, um resultado natural do sucesso) são padrões insatisfatórios para a definição de sucesso. Você não tem que ser um cristão para perceber que tal conceito não pode funcionar; e como cristão não é sequer uma opção ter tal visão. As Escrituras são muito claras sobre este assunto.

Lembro-me de um "seminário de sucesso" que realizei anos atrás, que atraiu um grande número de pessoas de negócios. Comuniquei desde o início que é intrinsecamente errado definir o sucesso em termos de lucro ou ganho para o acionista – mesmo que certamente valha a pena pensar em lucro e ganho para o acionista. Definir sucesso nesses termos, no entanto, é a melhor maneira de minar o sucesso merecedor do nome. Traduzimos essa percepção em várias situações:

- Se você é um padeiro, o sucesso pode ser definido como produzir o pão mais delicioso e saudável no seu bairro e fazer as pessoas felizes ao comerem-no – e se isso o ajuda a aumentar seu lucro, o que provavelmente vai acontecer, tudo bem.

- Se você é um banqueiro, o sucesso pode ser definido como fornecer a seus clientes empréstimos acessíveis que os ajudem a alcançar o que eles nunca poderiam de outra forma – e se isso ajuda a aumentar seu lucro, o que provavelmente vai acontecer, tudo bem.
- Se você é um programador de software, o sucesso pode ser definido como desenvolver soluções que permitem às pessoas fazer coisas criativas que nunca teriam imaginado ser possível – e se isso ajuda a aumentar seu lucro, o que provavelmente vai acontecer, tudo bem.
- Se você está liderando uma igreja, o sucesso pode ser definido como ajudar pessoas a experimentarem o poder do Deus trino, liberar o potencial que Deus colocou em suas vidas e compartilhar o que elas experimentaram com os outros – e se isso ajuda a aumentar seus números de participação, o que provavelmente vai acontecer, tudo bem.

Critérios mais inteligentes para o sucesso

No mesmo seminário de sucesso, pedi a cada participante que trabalhasse "critérios inteligentes de sucesso", que se relacionavam com sua área pessoal de responsabilidade. Cerca de 85 por cento fez um trabalho maravilhoso. Entre os restantes 15 por cento, no entanto, houve um forte sentimento de mal-estar com o meu ensino. "Se eu tentasse aplicar isso em minha empresa, daria motivos a meu chefe para me demitir", um dos participantes me disse, e falou por muitos outros.

Respondi: "Estou ciente de que muitas pessoas pensam como seu chefe. Essa é a razão pela qual nós damos este seminário. Talvez seu chefe esteja entre os adotantes tardios, mas há uma boa chance de que ele, finalmente, mude de ideia, como tantos outros líderes têm feito. No entanto, o fato de que é o seu chefe que detém tal posição, não é nenhuma indicação de que sua abordagem seja orientada para o futuro".

Você é um líder?

Uma vez que nossa imagem interior de um líder tenha sido libertada do estereótipo de um empresário "bem-sucedido" (ou seja, rico) ou o pastor da megaigreja "bem-sucedido" (isto é, famoso), perspectivas completamente novas emergem. No Desenvolvimento Natural da Igreja podemos demonstrar que é mais fácil e mais eficaz aprender os princípios fundamentais do desenvolvimento de pequenas igrejas com alta qualidade (e transferir essas informações para as realidades de uma megaigreja) do que aprendê-los de uma megaigreja (e transferi-los para a realidade de uma pequena igreja). Ambas as abordagens realmente funcionam, mas a primeira funciona consideravelmente melhor. Exatamente o mesmo se aplica às organizações de negócios.

O problema é que muitos líderes de pequenas organizações ou grupos (que muitas vezes fazem um trabalho incrivelmente bom), nem sequer consideram-se "líderes-modelo". Meu palpite é que esta é a situação da maioria dos leitores deste livro. Muitos podem

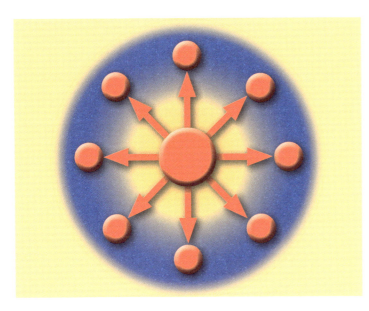

O foco do Teste de Capacitação não é nas qualidades inerentes em um líder (ponto central), mas na área destacada pelo anel azul: (a) a relação entre o líder e aqueles que ele capacita (setas), e (b) os efeitos desta relação na vida das pessoas capacitadas (pontos exteriores).

estar relutantes até mesmo em chamar-se líderes, já que sua imagem mental de liderança tem sido tão fortemente moldada pelos estereótipos mencionados acima.

Se aprender a partir de igrejas menores com uma alta qualidade funciona tão bem, por que a maioria das pessoas, intuitivamente, olha para as megaigrejas? Isso tem a ver com a definição – ou melhor, a falta de definição – de liderança mencionada acima. Se liderança é igual a sucesso, e sucesso é igual a ser rico e famoso, então deduzimos que as pessoas que não são ricas e famosas – como pastores de pequenas igrejas – não são bem-sucedidas, ao menos não realmente bem-sucedidas, e, consequentemente, não se qualificam como líderes-modelo. A pobre definição tanto de sucesso quanto de liderança tem anulado, desde o início, a possibilidade de aprender com pequenas igrejas.

Liderança é relacionamento

Não há nada de errado em ser um bom vendedor, um pregador poderoso, um angariador de fundos bem-sucedido, ou um talentoso organizador. Todos estes são talentos maravilhosos. Mas, em si mesmos, têm pouco a ver com liderança.

Mais na web:
Em 3colorsofleadership.org você vai encontrar respostas para as seguintes questões:
- *Qual é a principal diferença entre o líder da igreja e a liderança em organizações seculares?*
- *Quais são as vantagens de aprender os princípios de crescimento de pequenas igrejas, em vez de megaigrejas?*

Em seu nível mais profundo, a liderança nada mais é do que relacionamento – o relacionamento entre o líder e as pessoas que são influenciadas por ele (veja o diagrama acima). A questão é como esse relacionamento é formado. A tese deste livro – que será desdobrada capítulo por capítulo – é que sua capacidade de liderança cresce com o grau em que você seja capaz de moldar esse relacionamento, trazendo equilíbrio ao que chamamos asas de *liderança* e de *capacitação*. O próximo capítulo irá explicar o que são essas duas asas.

Capacitador – ou apenas poderoso?

Uma das minhas maiores oportunidades de aprendizagem é o desafio de expressar os princípios universais do Desenvolvimento Natural da Igreja em diferentes idiomas e configurações culturais. Existem alguns conceitos do DNI que regularmente criam problemas na tradução. Às vezes, isso é devido à maneira pela qual os diferentes idiomas funcionam, mas, às vezes, tem mais a ver com a realidade por trás de algum termo específico. Isso é verdade para o termo *liderança capacitadora* em particular.

Dar poder ou capacitar?

No momento da redação deste artigo, a literatura básica do Desenvolvimento Natural da Igreja foi traduzida para 42 idiomas. Em mais de 50 por cento destes casos a tradução inicial dada para liderança capacitadora era fora de foco ou totalmente enganosa. As duas interpretações mais frequentes do termo, quando traduzido novamente para o inglês, foram *liderança com poder* ou *liderança poderosa*. Obviamente, o conceito de liderança comunicado por esses termos é tão comum que os tradutores não podiam sequer imaginar que eu quis dizer algo completamente diferente.

Certamente, não há nada de errado em ser um líder com poder (ou poderoso). Na verdade, grande parte do meu ministério pessoal é composto de ajudar os líderes a *obterem poder* para que se tornem *mais poderosos*. A verdadeira questão é o que eles fazem com o poder que ganharam. Será que usam para alcançar seus próprios objetivos, para construir seus próprios impérios ou para capacitar outras pessoas? Esta é a questão de todas as questões na liderança.

O conceito de liderança capacitadora pressupõe que o líder foi capacitado. *Capacitação*, então, indica que o poder dentro *daquele* líder está fluindo para as pessoas que ele ou ela está ministrando. Assim, os que estão sendo ministrados podem se tornar cada vez mais poderosos – e espero que passem esse poder para as pessoas a quem *eles* ministram.

A matriz da liderança

Dê uma olhada no diagrama à direita. Ele combina as duas dimensões da liderança capacitadora (a asa de liderança e a asa de capacitação) em forma gráfica. Quatro configurações diferentes são possíveis quando essas duas asas são combinadas:

- **Quadrante A**: Este quadrante representa as pessoas que não são fortes na asa da liderança nem na asa da capacitação. Para muitas pessoas, esta é a realidade. Não há nada de errado com isso, desde que não tenham uma posição de liderança. Se este é o seu ponto de partida e você tem responsabilidade de liderança, este livro vai ajudá-lo a melhorar sua capacidade de liderar e sua capacidade de capacitar. No entanto, mesmo que

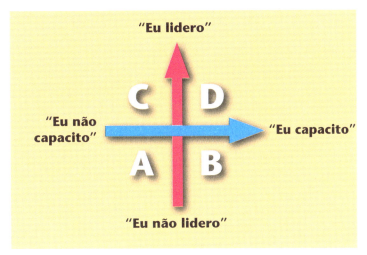

Os dois eixos de liderança capacitadora: O eixo da liderança, exigente (magenta) e o eixo capacitador, solidário (ciano) precisam ser combinados. Quer você se encontre no quadrante A, B, C ou D, há sempre formas de melhorar suas "qualidades do quadrante D".

você não tenha uma posição de liderança, crescer em ambas as dimensões irá melhorar sua capacidade para ministrar outras pessoas.

- **Quadrante B**: Este quadrante representa as pessoas que são fracas na asa da liderança, mas fortes na asa da capacitação. Para muitas responsabilidades, tais como aconselhamento, treinamento, mentoria, etc, isso é mais que suficiente. No entanto, se este é o seu ponto de partida e você é capaz de aumentar sua capacidade de liderança, sua habilidade de ministrar as pessoas de acordo com as necessidades *delas* (em vez de ser limitado às *suas* habilidades) será significativamente reforçada.

- **Quadrante C**: Este quadrante representa o líder poderoso que não faz muito para capacitar outras pessoas. Se este é o seu ponto de partida, você pode se alegrar pelo fato de já ter tanto poder de liderança dentro de você. O próximo passo para você é liberar esse poder a fim de ajudar os outros a se tornarem mais capacitados. Este livro vai mostrar-lhe como fazer isso.

- **Quadrante D**: Este quadrante representa um equilíbrio entre a asa da liderança e a asa da capacitação, em que *ambas* as dimensões são fortes. É importante afirmar que o equilíbrio entre as duas asas não significa mediocridade nas duas áreas (até mesmo o Quadrante A poderia ser caracterizado por *esse* tipo de equilíbrio), mas ter uma forte capacidade tanto para liderar quanto para capacitar. Isso lhe permite concentrar-se na asa da liderança em algumas situações e na asa da capacitação em outras, dependendo das necessidades da situação.

Ciano e magenta

Ao longo deste livro a asa da liderança será representada pela cor magenta; a asa capacitação, por ciano. Metaforicamente falando, magenta simboliza ficar em pé na frente das pessoas; ciano, em pé atrás delas. Magenta inclui a capacidade de tomar difíceis decisões; ciano, a capacidade de ajudar uma pessoa a implementar as consequências dessas decisões. Magenta significa dar direção; ciano, dar apoio.

Enquanto o gráfico na página 15 pode dar a impressão enganosa de que todo mundo tem uma tendência geral em direção tanto da asa de liderança quanto da asa de capacitação (contanto que não tenham atingido o Quadrante D ideal até o momento), a realidade é um pouco mais complexa. Devem existir algumas áreas de sua vida em que prevalece a asa de liderança, e outras, em que a asa de capacitação predomina. O *Teste de Capacitação* (página 42) irá lhe fornecer uma análise detalhada de suas tendências nas seis principais áreas de liderança.

Um Deus capacitador

Uma vez que o termo *capacitação* tornou-se moda nos últimos anos, algumas pessoas podem vê-lo como o mais recente truque de gestão. Mas há mais do que isso. Uma das ideias fundamentais do paradigma do DNI é que praticamente todos os problemas em nossas igrejas têm sua raiz mais profunda em uma visão incompleta de Deus. Isso é especialmente verdadeiro na área de capacitação de liderança.

Certamente não há necessidade de prova bíblica para demonstrar que Deus é *poderoso*. Mas até que ponto ele também é um Deus *capacitador*? Curiosamente, essa questão nos leva diretamente para a chamada "Experiência de Torre" – o próprio evento que desencadeou a Reforma. Em outras palavras, isso nos leva de volta, com os reformadores, ao que é o centro de nossa fé cristã.

Tudo começou com uma descoberta que, inicialmente, parecia puramente filosófica. Martinho Lutero estava meditando sobre o conceito da "justiça de Deus", que o perturbava muito. A um dado momento ele começou a entender o significado do caso genitivo – justiça *de Deus* – de uma nova forma. A justiça de Deus não é a qualidade que caracteriza o próprio Deus (*sujectivus genitivus*), mas uma qualidade que ele dá a outra pessoa (*genitivus objectivus*). Nós nos tornamos justos porque Deus nos torna justos!

Poder de Deus = como Deus nos torna fortes

Assim que Lutero fez essa descoberta, analisou uma multiplicidade de expressões bíblicas que poderiam ser entendidas de forma semelhante. "Obra de Deus" vem a significar "o que Deus opera em nós". A mesma fórmula se aplica à sabedoria de Deus, à salvação de Deus, à glória de Deus, e assim por diante.

E a expressão "poder de Deus?" Lutero interpretou "como Deus nos faz fortes". Para expressá-lo na terminologia de hoje, Deus usa seu poder para nos capacitar. É compreensível que o reformador tenha ficado eufórico quando descreveu essa descoberta: "Tive a sensação de que tinha nascido de novo e entrei no paraíso através de portões abertos. Toda a Escritura se revelou para mim em uma nova luz". Ao longo da história da igreja, esse incidente tem sido referido como a "Grande Reforma". Foi a descoberta de um Deus capacitador.

Quando, no Desenvolvimento Natural da Igreja, falamos em ganhar autoridade para doá-la – e, assim, explicar o conceito de capacitação – devemos sempre nos lembrar de onde este conceito tem sua raiz mais profunda. Sem exagero podemos dizer que o próprio Deus é o melhor modelo do Quadrante D (integração das asas de liderança e de capacitação).

O medo de ser capacitado

Uma vez que o conceito de capacitação é tão central para a fé cristã, por que é tão pouco praticado? Mais precisamente, por que tantas pessoas – igualmente líderes *e* seguidores – preferem o Quadrante C (liderança sem capacitação) ao quadrante D?

A resposta é simples. O conceito do quadrante D é desafiador. Em muitos aspectos, o Quadrante C é mais confortável. Ele requer menos pensar, menos responsabilidade e menos maturidade. Pessoas que foram acostumadas à liderança do Quadrante C ao longo de suas vidas, podem até se sentir ameaçadas pela perspectiva de receber liderança do Quadrante D. Estão literalmente fugindo das responsabilidades que Deus quer lhes dar.

> **Mais na web:**
>
> *Em 3colorsofleadership.org você vai encontrar respostas para as seguintes questões:*
>
> - *Qual é exatamente a diferença entre estilos de liderança e princípios de liderança?*
> - *O conceito de liderança capacitadora tem maior afinidade com um estilo autoritário ou um estilo democrático?*

Certamente não é verdade que a liderança do Quadrante C não funciona. *Ela funciona.* Muitas pessoas nunca iriam querer substituir seu líder do quadrante C por um líder do quadrante D. No entanto, minha referência à nossa capacitação de Deus deve lembrar-nos de que não estamos apenas falando sobre as preferências e estilos, mas sobre verdades teológicas centrais e espirituais, fundamentadas na própria natureza de Deus.

Estilos e princípios

Capacitação não é apenas um dos muitos possíveis "estilos" de liderança. Seu estilo pode ser mais democrático ou mais diretivo, mais extrovertido ou mais reservado – tudo isso é bom. Basta usar o estilo que você tem para proporcionar uma liderança capacitadora para os outros. Este livro vai mostrar-lhe como fazer isso.

No entanto, se você se referir à capacitação como mais um estilo, eu teria que protestar – em nome da pesquisa empírica, em nome do senso comum e em nome das Escrituras. Capacitação não é um estilo, mas um princípio fundamental da liderança. Por essa razão, você não vai encontrar uma única palavra sobre estilos de liderança neste livro.

Uma mudança radical de perspectiva

Deixe-me apresentar-lhe um conceito que tenho compartilhado com incontáveis líderes ao longo dos últimos anos. Cada vez que suas implicações são compreendidas, tanto intelectual quanto emocionalmente, os efeitos têm sido dramáticos – em sua autoestima, em suas prioridades, em seu conceito de sucesso e, finalmente, no povo sob sua liderança. Vários líderes me disseram que esse conceito tem sido o aspecto mais libertador do paradigma do DNI.

Compreendendo a natureza dos quadros A e B

O surpreendente é que é um conceito incrivelmente simples. Na verdade, ele não requer nada mais do que entender a diferença entre os quadros A e B no gráfico à direita. Compreender isso *intelectualmente* não pode tomar mais de cinco minutos; no entanto, entendê-lo *emocionalmente* (o pré-requisito para efeitos duradouros) pode exigir um investimento consideravelmente maior.

Vamos começar com a parte mais fácil, entendê-lo intelectualmente. Ele se resume a três passos de raciocínio puramente lógico.

- **Primeiro passo**: O que os dois quadros simbolizam? Eles distinguem *medidas para alcançar um resultado* (quadro A) a partir dos próprios *resultados* (quadro B). Nesse gráfico, dei exemplos para cada uma das duas categorias. "Quantidade de dinheiro", "número de trabalhadores" e "Tamanho da infraestrutura" são categorias típicas do quadro A. "Pessoas maduras que descobriram e vivem suas próprias visões" é um exemplo dos *resultados* que um líder pode querer alcançar. Na verdade, este exemplo é o critério que eu aplico para medir *meu* sucesso como líder.

- **Segundo passo**: Qual é a relação entre os dois quadros? Ambos são necessários e valiosos, mas representam categorias completamente diferentes. O quadro A é exclusivamente um meio para o fim de ampliar o quadro B. Isso nunca deve ser invertido. As consequências seriam desastrosas se tivéssemos que ver o desenvolvimento do quadro A como o objetivo real, e o quadro B como meio de chegar lá. Se o quadro A é grande ou pequeno, não importa. O que importa é o tamanho do quadro B.

- **Terceiro passo**: Como podemos avaliar a eficácia do quadro A? Certamente não medindo o tamanho do quadro A, mas exclusivamente medindo o quadro B. O tamanho do quadro B é o "sucesso" do quadro A. Levar apenas em consideração o quadro A não lhe dá a mínima indicação se você está lidando com uma infraestrutura bem-sucedida ou não. Isso só pode ser estimado através da avaliação do quadro B.

Medidas para alcançar um resutado	**Resultados**

• dinheiro (quantidade)
• trabalhadores (número)
   • infraestrutura
   (tamanho)
	pessoas maduras que descobriram e vivem suas próprias visões

O critério para o quadro A é exclusivamente como ele contribui para o desenvolvimento do quadro B. Neste gráfico, dei um exemplo de um "resultado". Cada líder deve preencher este quadro com os resultados específicos que gostaria de ver.

A intuição ambivalente

Neste ponto tudo é fácil de compreender. Dificilmente alguém contradiria essa progressão – contanto que seja abordada intelectualmente. Emocionalmente, no entanto, a maioria de nós reagirira de maneira exatamente oposta: admiramos um "grande quadro A" como um fim em si mesmo. Na verdade, temos a tendência de ver um grande quadro A como o objetivo real do que quer que nós façamos, ou que os outros façam. "Muito dinheiro, muitos trabalhadores de tempo integral, uma grande infraestrutura – esta *deve* ser uma empresa de sucesso. Uau!"

Vamos supor que temos um quadro A relativamente pequeno e um grande quadro B. Intuitivamente, a maioria de nós não estaria muito impressionada. Suponhamos, no entanto, que temos um quadro A muito grande e um quadro B de tamanho médio. Imediatamente julgamos o quadro A como "altamente profissional". De um ponto de vista puramente lógico, isso é pura bobagem. No entanto, emocionalmente essa resposta irrefletida tem um enorme poder, e um poder altamente contraproducente.

Comparando dois cenários

Por uma questão de simplicidade, vamos reduzir o quadro A para a área do dinheiro e comparar os dois cenários a seguir:

- **Cenário 1:** Você atinge um determinado resultado no quadro B com medidas do quadro A que custam, com todos os fatores incluídos (como a manutenção de uma grande infraestrutura), US$ 10.000,00.
- **Cenário 2:** Você consegue o mesmo resultado no quadro B com medidas do quadro A que custam US$ 1.000,00.

De acordo com o Cenário 2, as medidas do quadro A são dez vezes (mil por cento!) mais efetivas do que aquelas do Cenário 1. E mesmo que apenas a *metade* dos resultados do quadro B tivessem sido alcançados no Cenário 2, ainda seriam cinco vezes mais efetivas. Se compreendêssemos essas dinâmicas emocional e intelectualmente, em muitos casos nos encontraríamos fazendo exatamente o oposto do que normalmente tendemos a fazer. Apreciaríamos as mesmas coisas que atualmente negligenciamos. E não daríamos muito mais do que um aceno de cabeça para as coisas que atualmente vemos com a maior admiração.

Isso não implica que um grande quadro A seja necessariamente errado. Se um dado quadro A aumenta dez vezes e, ao mesmo tempo, produz um quadro B dez vezes maior, isso indicaria uma abordagem eficaz. Meu objetivo é simplesmente libertar o nosso pensamento de admirar um grande quadro A como um fim em si. Infelizmente, alcançar um quadro A tornou-se uma obsessão para muitas pessoas.

Foco na aparência

Ver o quadro A como o verdadeiro "resultado" e, orgulhosamente, apresentá-lo aos outros, contribui para uma das armadilhas de liderança mais frequentes: maior preocupação com a forma como você *parece* do que com o que você realmente *é*. Certamente não é por acaso que muitos livros de liderança o ensinam a parecer melhor do que é, em vez de ajudá-lo a evitar essa armadilha. A maneira mais fácil de alcançar esse objetivo é enfeitar o quadro A, já que os efeitos são mais visíveis do que os resultados reais representados pelo quadro B. Um edifício de prestígio. Uma enorme mesa. Um equipamento caro. Um orçamento alto. Talvez um carro grande? Que impressionante! Que profissional! Uau!

Se estes dois motivos estão combinados – uma obsessão com o quadro A e uma grande necessidade psicológica de receber reconhecimento parecendo melhor do que realmente é – o conceito de liderança capacitadora, conforme descrito neste livro, será um pesadelo. Como tal, o quadro B será *sempre* visto como um meio para o fim de aumentar o quadro A.

Símbolos adequados

Devo admitir que, além de sua pura funcionalidade (contribuir para o crescimento do quadro B), cada medida do quadro A também tem um significado simbólico. Isso é especialmente evidente quando se trata de edifícios. Símbolos são poderosos!

Na descrição do nosso ministério em meu livro, *Realce as cores do seu mundo com o Desenvolvimento Natural da Igreja*, eu, deliberadamente, coloquei uma imagem da sede do DNI Internacional – uma casa de fazenda na fronteira alemã com a Dinamarca. Na legenda da imagem escrevi: "A casa é bem equipada, incluindo eletricidade, água corrente e acesso à internet". Cada vez que o livro era traduzido, os tradutores me perguntavam se isso era uma piada. Outros me disseram que não acharam essa descrição engraçada, mas simplesmente embaraçosa ("Quão pouco profissional!").

No entanto, selecionei aquela imagem – e as palavras que a descrevem – cuidadosamente. Nosso prédio é um símbolo maravilhoso do que é o nosso ministério, e o quão eficaz o quadro A pode parecer. É um símbolo que, espero, irá encorajar outros a reconsiderar em qual dos dois quadros sua própria liderança está focada.

Mais na web:

Em 3colorsofleadership.org você vai encontrar respostas para as seguintes questões:

- *Qual é a explicação psicológica para o fato de que muitas pessoas tendem a ver o alargamento do quadro como um fim em si mesmo?*

- *Existem situações em que o foco na aparência é justificável?*

As três dimensões da liderança

Se o seu objetivo é "ampliar o quadro A", conforme descrito no capítulo anterior, você pode aplicar uma grande variedade de técnicas que irão ajudá-lo a chegar lá. Todas elas, de uma forma ou de outra, estarão focadas na aparência – a imagem que você gostaria que as outras pessoas tivessem de você.

Muitos livros de liderança estão voltados para esse objetivo. Você quer dar uma impressão de negócios? Aprenda a esconder suas emoções. Você quer que os outros admirem sua competência? Deixe-os conhecer suas realizações. Você quer provar sua importância? Fale sobre seus hobbies de prestígio ou as pessoas importantes que conhece.

Virtudes primárias ou secundárias

Enquanto algumas dessas técnicas estão intrinsecamente erradas – tais como provar sua grandeza e fazer as outras pessoas se sentirem pequenas demais – outras podem valer a pena ser consideradas. Por exemplo, não há nada de errado em melhorar suas técnicas de comunicação, controlar sua linguagem corporal ou se vestir profissionalmente. Se você tem a oportunidade de aprender algumas dessas técnicas, faça-o. Elas podem ser úteis em muitas situações.

No entanto, você não vai encontrar nada parecido com essas técnicas neste livro. Por que não? Porque nenhuma delas é essencial para a capacitação de liderança. Elas são, na melhor das hipóteses, *virtudes secundárias*, ao passo que no DNI nos concentraremos nas *virtudes primárias*. Virtudes primárias são o que você deveria praticar em todas as circunstâncias. Elas são essenciais para o seu sucesso. Virtudes secundárias, por outro lado, podem, às vezes, ser úteis, mas você pode viver sem elas. Não são essenciais.

Em outras palavras, as virtudes primárias são princípios, virtudes secundárias não são. Essa distinção tem implicações práticas importantes:

- Pratique as virtudes primárias e ignore as secundárias completamente – você pode ser um líder eficaz.
- Pratique as virtudes primárias e adicione algumas das secundárias – você pode ser um líder eficaz, com uma caixa de ferramentas maior, que pode ser útil em algumas situações.
- Concentre-se nas virtudes secundárias e negligencie as primárias – você, definitivamente, será um líder terrível (mesmo que seja rico e famoso).

A Bússola Trinitária

Todos os livros da série *Recursos Práticos do DNI* são baseados no que chamamos de *Bússola Trinitária* e ao que muitas pessoas se referem como a *Bússola de Três Cores*. À primeira vista, é simplesmente um diagrama que consiste nas três cores: verde, vermelho e azul. No entanto, quem está familiarizado com o Desenvolvimento Natural da Igreja sabe que é muito mais do que apenas uma ilustração gráfica. É o próprio coração do DNI. Dentro do paradigma DNI, a Bússola Trinitária tem duas funções básicas:

- Em primeiro lugar, é o **alicerce espiritual** do DNI. No seu mais profundo nível, ela aponta para a doutrina do Deus trino. Seja qual for o tema em discussão, as três cores simbolizam três dimensões fundamentais que não devemos ignorar. Você vai encontrar uma introdução detalhada da Bússola como o alicerce espiritual do DNI no meu livro *Realce as cores do seu mundo com o Desenvolvimento Natural da Igreja*.

- Em segundo lugar, ela define uma **estrutura prática** orientada para a *totalidade* e o *equilíbrio*. Embora a totalidade garanta que todos os princípios essenciais de um tema específico sejam representados, o equilíbrio se concentra na relação que os princípios individuais têm um com o outro – um tema que normalmente é negligenciado no ensino ocidental.

Sempre que a Bússola Trinitária é aplicada a um tema, as três dimensões fundamentais desse tópico são definidas por três termos. Esses termos representam os aspectos verde, vermelho e azul específicos daquele assunto. Como você pode ver no diagrama à direita, as três dimensões-chave da capacitação de liderança são *explicação* (verde), *motivação* (vermelho) e *libertação* (azul). Já que continuamente faremos referência a esses três termos ao longo deste livro, vamos começar dando uma olhada em cada um.

A cor verde: explicação

Enquanto algumas abordagens "clássicas" para a liderança são quase exclusivamente reduzidas à explicação, várias alternativas contemporâneas têm praticamente abandonado a dimensão intelectual. Nos últimos anos, tornou-se moda rebaixar essa dimensão a um mero "conhecimento da mente". Essa crítica é certamente justificada quando ela está voltada para conceitos que se dedicam exclusivamente à mente. No entanto, as consequências da negligência do conhecimento intelectual são tão graves quanto as de superenfatizá-las.

Precisamos de conhecimento mental – da mesma forma que precisamos de conhecimento de coração e conhecimento prático. Até que as pessoas entendam completamente o que estão fazendo e porque estão fazendo, não serão verdadeiramente capacitadas. Certamente é possível realizar determinadas tarefas sem uma compreensão mais profunda. Mas, em tais casos, o objetivo de desenvolver pessoas responsáveis e maduras – os dois critérios principais que indicam que a capacitação tenha realmente ocorrido – é ignorado desde o início.

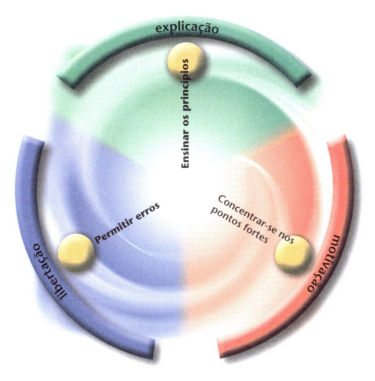

O segredo da capacitação de liderança é um equilíbrio das três dimensões da explicação (verde), da motivação (vermelho) e da libertação (azul). O princípio fundamental por trás da explicação é o ensino e a compreensão das dinâmicas cruciais de responsabilidade. O princípio fundamental por trás da motivação é concentrar-se em si próprio e focar nos seus pontos fortes e nos de seus seguidores e o princípio fundamental por trás da libertação é a criação de um clima em que as pessoas se sintam livres para experimentar.

A cor vermelha: motivação

Enquanto a explicação é absolutamente essencial, está longe de ser o suficiente. Se as pessoas não estão motivadas a trabalhar em direção a um objetivo comum, todas as nossas explicações intelectuais serão desfeitas. Elas podem resultar em tornar as pessoas mais inteligentes, mas as explicações, por si só, não as colocarão em movimento.

Há muitas técnicas motivacionais no mercado, caracterizadas por um denominador comum – a prestação de ajuda externa se destina a fazer as pessoas se moverem em uma determinada direção. Tais tentativas realmente podem funcionar. No entanto, você não encontrará nada sobre isso neste livro, uma vez que toda a ideia de dar incentivos trabalha contra os dois principais critérios de capacitação – responsabilidade e maturidade. Quando consistentemente aplicamos os princípios de capacitação de liderança, as pessoas serão motivadas intrinsecamente (motivação "por si só"). Por isso, não há necessidade de incentivos externos, ou, pelo menos, eles se tornam muito menos relevantes do que em "abordagens clássicas". Explicação mais motivação constitui um poderoso pacote. Mas mesmo isso não é suficiente. A dimensão final e crucial é...

A cor azul: libertação

Libertação inclui ajudar as pessoas a crescerem até a maturidade, desenvolverem suas visões próprias e descobrirem sua própria identidade única – que deve, no final, resultar que tomem um caminho diferente do que o líder escolheu. Este é o déficit coorporativo em inúmeros grupos – as pessoas são motivadas a alcançar determinados objetivos (aqueles do líder), mas ninguém lhes pergunta qual poderia ser sua visão pessoal. Talvez Deus queira chamar muitos *deles* também para se tornarem líderes.

Investir na libertação proativamente é a chave para a contínua multiplicação da liderança. É algo para descobrir o potencial de liderança em outras pessoas e treiná-las em princípios de liderança. É completamente diferente do que realmente libertar as pessoas para a liderança. Até que essa libertação ocorra, não haverá capacitação.

O princípio fundamental em cada categoria

O diagrama na página 27 demonstra que as três dimensões de explicação, motivação e libertação podem ser divididas em doze princípios ensináveis e fáceis de aprender. No entanto, em cada um dos segmentos de cores há um princípio que está posicionado no centro do respectivo segmento de cor (veja o diagrama na página 23). Ele expressa a preocupação daquela faixa de cor em sua mais pura forma:

• Na faixa **verde** o princípio fundamental é *Ensinar os princípios*. A comunicação de princípios é a chave para um tipo de *explicação* que tem um efeito imensamente capacitador.

• Na faixa **vermelha** o princípio fundamental é *Concentrar-se nos pontos fortes*. Esta é a chave para um tipo de *motivação* que é virtualmente independente de incentivos externos.

• Na faixa **azul** o princípio fundamental é *Permitir erros*. Esta é a chave para um tipo de *libertação* que ajudará as pessoas a desenvolverem seu estilo único próprio, em vez de copiar o de seu líder.

> **Mais na web:**
>
> *Em 3colorsofleadership.org você vai encontrar respostas para as seguintes questões:*
>
> • *Existem outros princípios de liderança que não são abrangidos por este livro?*
>
> • *Os líderes de sucesso estão verdadeiramente equilibrados entre as três cores ou há certa unilateralidade que está ligada ao sucesso?*

A natureza de cada segmento de cor pode ser mais bem compreendida refletindo sobre os verbos relacionados a cada princípio fundamental: *Ensinar* (para o verde), *Focar* (para o vermelho) e *Permitir* (para o azul). Esses verbos sozinhos simbolizam perfeitamente o que é a faixa da cor correspondente.

Três papéis mal-orientados

Dê uma olhada no diagrama à direita. Ele comunica o que inevitavelmente acontecerá quando um segmento de cor é abordado em isolamento. Em todos os casos, você vai mudar para um papel mal-orientado. Quando você pensa sobre estes três papéis, vale a pena se perguntar como as outras pessoas podem percebê-lo.

• Um foco unilateral em explicação (desprovido de motivação e libertação) reduz seu papel ao do **especialista**: *você* é aquele

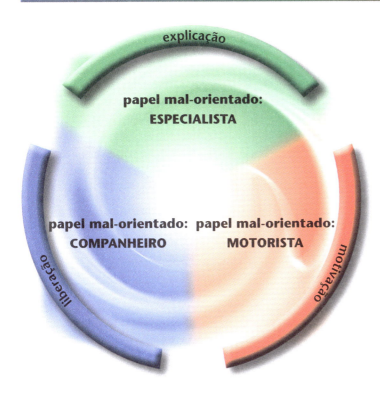

O segredo da capacitação da liderança é que as três dimensões da explicação (verde), da motivação (vermelho) e da libertação (azul) estejam em equilíbrio. Assim que uma das três cores é colocada em isolamento, os papéis mal orientados de especialista (verde), de motorista (vermelho) e de companheiro (azul) ocorrem.

com todas as respostas. Se este papel for levado ao extremo, você se torna um guru.

- Um foco unilateral em motivação (desprovido de explicação e libertação) reduz seu papel ao do **motorista**: em vez de liberar a "motivação de dentro", você assume o papel de motivar as pessoas através de incontáveis incentivos externos. Se este papel for levado ao extremo, você estará agindo não mais do que como um líder de torcida.
- Um foco unilateral em libertação (desprovido de explicação e motivação) reduz seu papel ao de **companheiro**: você pode ter relações agradáveis com as pessoas, mas as metas perderão cada vez mais seu foco. Se este papel for levado ao extremo, sua influência de liderança completamente debilitada o reduzirá a nada mais do que um amigo.

O denominador comum

De tempos em tempos, cada líder pode precisar adotar uma das três funções acima mencionadas. Se isso só acontece de vez em quando, não vai fazer mal algum. No entanto, surgem problemas no momento em que as pessoas pelas quais você é responsável o virem principalmente como especialista, motorista ou companheiro. Esses papéis mal orientados, tão diferentes como são uns dos outros, têm um denominador comum: são intrinsecamente incapacitantes.

Asas características necessárias

Neste livro vamos lidar exclusivamente com o que o capítulo anterior definiu como "virtudes principais". Elas são os princípios fundamentais da liderança. Nenhum líder pode se dar ao luxo de negligenciar um único deles. Aprender a aplicá-los beneficiará você em toda área de sua responsabilidade de liderança, não importa se você é um líder de pequeno grupo, um pastor ou o diretor presidente de uma organização multinacional.

Dê uma olhada no diagrama à direita. Nesse gráfico, as três áreas de explicação (verde), motivação (vermelho) e libertação (azul) são divididas em doze princípios de liderança. Vale a pena tomar algum tempo para estudar esse diagrama. Enquanto faz isso, você deve prestar atenção especial ao arranjo dos doze princípios dentro da Bússola de Três Cores.

Compreendendo o arranjo dos princípios

Minha experiência é que os leitores que foram criados em uma cultura ocidental (fortemente caracterizada pelo pensamento linear) podem precisar consideravelmente mais tempo para compreender e apreciar a ideia por trás desse arranjo radial. Esses não são doze princípios individuais que funcionam independentemente um do outro, como uma mentalidade ocidental estaria tentada a acreditar. Se os doze princípios tivessem sido escritos em doze linhas diferentes, comunicaria algo *completamente diferente* do que este gráfico.

Uma boa compreensão da posição de cada princípio dentro da bússola é mais importante do que o texto que foi escolhido para o respectivo princípio. Por exemplo, quando você estuda o princípio "avaliar os pontos fracos", não são realmente essas duas palavras que comunicam a mensagem principal. Pelo contrário, é importante compreender todo o contexto, como segue:

- "Avaliar os pontos fracos" é a *característica de asa complementar* de "Concentrar-se nos pontos fortes" e, portanto, colocada como seu oposto polar.
- Ela está posicionada na *fronteira do verde e do azul*, ou seja, entre a faixa de cor que lida com a explicação, e a faixa de cor que lida com a libertação.
- Ela está posicionada no lado *oposto* da faixa de motivação (vermelho).
- Ela é uma parte central da *asa de capacitação* (ciano), em oposição à asa de liderança (magenta).

Mesmo sem palavras (tais como "Avaliar os pontos fracos") você compreenderia claramente a essência desse princípio simplesmente estudando seu posicionamento exato dentro da Bússola de Três Cores.

Asas características necessárias

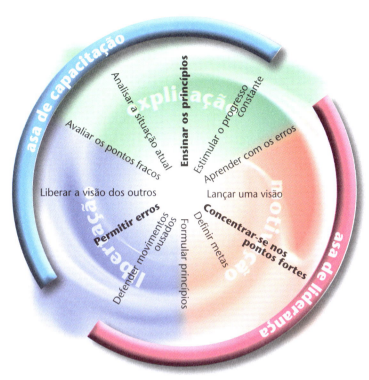

A representação completa do paradigma da liderança de "As 3 cores da liderança": cada um dos doze princípios tem um polo complementar. Por exemplo, o polo oposto de "Concentrar-se nos pontos fortes" é "Avaliar os pontos fracos". Enquanto muitos livros tendem a enfatizar principalmente, senão exclusivamente, um lado da roda (tanto da asa de liderança quanto da de capacitação), a abordagem única de "As 3 cores da liderança" consiste na combinação das duas dimensões.

Visão	Liberar a visão de outros	Lançar uma visão
Experimentação	Permitir erros	Aprender com os erros
Capacidade	Avaliar os pontos fracos	Aprender com os erros
Estratégia	Analisar a situação atual	Definir metas
Treinamento	Ensinar os princípios	Formular os princípios
Progressão	Estimular o progresso constante	Defender movimentos ousados

Doze ou seis princípios?

Um olhar mais atento para o diagrama de três cores revela que não estamos, na verdade, falando de doze princípios individuais, mas de seis. Essa ideia está explicitamente comunicada pelo gráfico de barras acima. Cada um desses seis princípios – visão, experimentação, capacidade, estratégia, treinamento e progresso – consiste em duas asas: a asa de liderança (simbolizada pelo magenta) e a asa da capacitação

Este gráfico de barras indica, em cada uma das seis escalas, se prevalece a asa capacitação (ciano) ou a asa liderança (magenta).

(simbolizada pelo ciano). O segredo de capacitação de liderança é trabalhar em direção a um equilíbrio dessas duas asas, em vez de aproximá-las com uma mentalidade ou/ou.

A armadilha ou/ou

Lamentavelmente, o pensamento ou/ou influenciou fortemente muitos dos livros populares sobre liderança. Enquanto eles podem fornecer muitos conhecimentos valiosos, em muitos casos os seus "segredos do sucesso" representam apenas meia verdade. Lembro--me de intermináveis discussões com os líderes sobre se deveríamos, em uma dada situação, identificar os pontos fortes ou as fraquezas de uma pessoa ou de uma igreja. O trecho a seguir de uma das minhas sessões de treinamento é representativo de muitas dessas conversas:

Christian: Sugiro agora que demos uma olhada em seu fator mínimo pessoal. Você acha que valeria a pena?

Líder: Na verdade, não gosto desse foco nos pontos fracos. Estou convencido de que esta é a abordagem errada. Devemos sempre olhar para os nossos pontos fortes.

Christian: O perfil identificou claramente os seus pontos fortes; já os discutimos e os celebramos. Agora acho que é hora de considerar como você pode usar esses pontos fortes para lidar com suas fraquezas.

Líder: Eu disse a você que não acredito em tal abordagem. Esse foco no negativo não me faz sentir bem. É contraproducente.

Christian: O objetivo do nosso processo de treinamento não é fazer você se sentir bem, mas ajudá-lo a crescer. O que estamos nos referindo como pontos fracos pode se tornar um obstáculo sério no seu processo de crescimento. Se eu entendi corretamente, ele já se tornou um tropeço. O que o torna tão convicto de que é errado abordar seus pontos fracos?

Líder: Todos os livros de liderança que li me alertaram sobre tal abordagem. Eles me convenceram de que o segredo de uma boa liderança é focar sempre em nossos pontos fortes.

Christian: É possível que esses autores, durante a comunicação de grandes conhecimentos em algumas áreas, estejam simplesmente cegos em outras áreas?

A metáfora asa

Eu poderia dar exemplos similares para todos os seis/doze princípios mencionados. A maioria dos líderes ocidentais está acostumada a se aproximar desses tópicos com uma mentalidade ou/ou, simplesmente porque foram ensinados a fazer assim: pontos fortes ou fracos, a visão do líder ou visões das pessoas, permitindo erros ou evitando erros, movimentos ousados ou crescimento incremental, etc. Faríamos enormes progressos se tomássemos o que o físico quântico dinamarquês Niels Bohr expressa pelas três palavras latinas, *contraria sunt complement* (os opostos são complementares).

Essa verdade pode ser maravilhosamente expressa pela metáfora de duas asas. Imagine que cada um de dois polos opostos de um dado princípio represente uma asa. Por exemplo: "concentre-se nos pontos fortes" seria a asa direita, "avalie os pontos fracos" seria a asa esquerda. As implicações dessa metáfora são de longo alcance:

- Você sempre precisa de ambas as asas para voar; a presença de apenas uma asa não o leva a lugar algum.
- É melhor ter duas asas longas do que duas asas curtas.
- É melhor ter duas asas curtas do que ter uma asa longa e uma curta.

Vamos supor que a asa direita ("concentre-se nos pontos fortes") já é consideravelmente longa, enquanto a asa esquerda ("avalie os pontos fracos") é curta. Nesse caso, seria melhor alongar a asa esquerda, para que ela corresponda ao comprimento da asa direita. Em contraste, seria contraproducente alongar a asa direita ainda mais. Isso aumentaria o desequilíbrio e, assim, os problemas. O mesmo se aplica a cada uma das seis asas características. Em alguns casos, você pode, até mesmo, ter necessidade de *reduzir* o comprimento de uma das asas, a curto prazo, a fim de alcançar o equilíbrio.

Um líder "equilibrado" como meta?

Quando você estuda livros de liderança, frequentemente encontra ataques ao ideal de "líder equilibrado". Esses autores encorajam os líderes a serem unilaterais. Eu tanto concordo quanto discordo dessas polêmicas.

> **Mais na web:**
>
> *Em 3colorsofleadership.org você vai encontrar respostas para as seguintes questões:*
>
> - *Por que é especialmente difícil para os ocidentais compreenderem como funcionam as polaridades?*
> - *Em quais áreas devemos ser unilaterais, e em quais devemos ser equilibrados?*

- Concordo que seria altamente contraproducente se esforçar para se tornar um líder equilibrado na área que nós chamamos de **virtudes secundárias**. Uma vez que esses não são princípios de liderança, mas apenas ferramentas, não é realmente importante saber se você os tem ou não. Talvez você não seja um grande orador público. Então pode simplesmente decidir aceitar esse fato, uma vez que não é essencial para a capacitação de liderança ser um orador carismático. Não se esforce para se tornar equilibrado na área de virtudes secundárias. Elas não são essenciais.
- No entanto, quando se trata das **virtudes primárias** (das quais nossas seis asas características são exemplos), você *deve* se esforçar para se tornar equilibrado. Como cada um dos princípios é essencial, sua asa característica mais fraca irá prejudicar seu sucesso global como um líder.

Quando você decide se concentrar em apenas uma das duas asas, isso deveria ser motivado exclusivamente pelas necessidades da situação ou da pessoa que você está se esforçando para capacitar. Isso nunca deve ser motivado pelo fato de você ter deixado de aplicar a asa oposta por ignorância.

O segredo: caráter mais dom mais treinamento

Até este ponto, foram considerados exclusivamente os princípios de liderança que podem ser aprendidos. Mas não existe mais para a liderança? E a espiritualidade dos líderes? Seu caráter? Seus dons espirituais? Esses temas não são tão importantes quanto os princípios descritos?

Mais do que meros princípios

Cada característica mencionada acima é, de fato, essencial para a liderança efetiva. Dê uma olhada no diagrama à direita. Existe uma visão muito difundida por muitos cristãos de que o elemento decisivo na liderança é o caráter. Um grande líder é uma pessoa com grande caráter – e vice-versa. Essa linha de pensamento é representada pelo primeiro dos dois diagramas. O raciocínio é o seguinte: trabalhe para desenvolver caráter e você irá aumentar sua capacidade de liderança.

Há uma verdade nesse raciocínio. O desenvolvimento do caráter (que, para os cristãos, inclui seu relacionamento com Deus) é realmente a fundação de uma liderança eficaz. Mas – e é aí que eu tenho que contradizer essa ampla visão – carácter sozinho não é suficiente. Para expressar em linguagem matemática, caráter é uma condição necessária, mas insuficiente. Você pode ter um caráter maravilhoso, divino, e ainda ser um terrível líder. Para ser eficaz na liderança, o desenvolvimento do caráter deve ser acompanhado de (a) dom e (b) treinamento. Esse fato é representado no segundo dos dois diagramas.

Se caráter e dom são ingredientes tão importantes da liderança de sucesso, porque essas dimensões não desempenham um papel mais proeminente em *As 3 cores da liderança*? Simplesmente porque eles são muito importantes para serem reduzidos a alguns meros capítulos dentro de um livro de liderança. Para cada uma destas dimensões existem distintos blocos de construção dentro dos *Recursos Práticos do DNI* (veja visão geral na página 32). Cada um desses livros trata de forma abrangente o tema em discussão.

Os ingredientes fundamentais do caráter

A principal razão pela qual muitas abordagens de liderança se concentram na aparência em vez do ser (veja página 20), é que tentam desenvolver líderes excluindo o desenvolvimento do caráter. Consequentemente, os líderes aprendem a parecer amigáveis em vez de serem amigáveis. Aprendem a parecer altruístas em vez de serem altruístas.

Mais na web:

Em 3colorsofleadership.org você vai encontrar respostas para as seguintes questões:

- *Qual é a diferença entre os princípios que o DNI ensina e as ferramentas que ele fornece?*

- *Devemos continuar a treinar pessoas para a liderança se elas têm significativas falhas de caráter?*

Diagrama 1: Conceito incompleto de liderança

O diagrama 1 representa um conceito generalizado, mas incompleto, de liderança: o bom caráter de um líder é visto como o principal, senão o único, critério para a liderança eficaz.

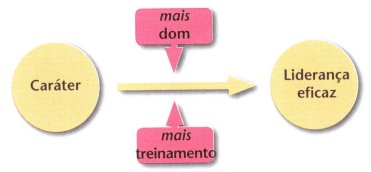

Diagrama 2: Conceito integral de liderança

O diagrama 2 representa a visão integral sobre a qual este livro se baseia: enquanto o caráter do líder é fundamental, ele deve ser acompanhado tanto por dom quanto por treinamento, a fim de resultar em uma liderança eficaz.

Eles aprendem a parecer interessados nos outros em vez de serem interessados nos outros. E por último, mas não menos importante, aprendem a parecer capacitadores em vez de serem capacitadores. A tendência de ver o crescimento do "quadro A" como um fim em si mesmo (veja página 18), a necessidade de impressionar os outros com símbolos de status e o lugar equivocado de lucro financeiro têm suas raízes nessa realidade – um caráter fraco. Dentro do paradigma do DNI, abordamos a área de desenvolvimento de caráter a partir de duas perspectivas:

- Em primeiro lugar, ajudando os líderes a encontrarem uma maneira de **conectar-se com Deus** que se ajuste a eles. Os efeitos que um relacionamento pessoal – e autêntico – com Deus têm no caráter de uma pessoa, não podem ser superestimados. É a fonte mais profunda de desenvolvimento de autenticidade, confiabilidade e credibilidade. Ao mesmo tempo, ajudamos líderes a apreciarem e incentivarem formas de conexão com Deus que são diferentes de suas próprias experiências. No livro *As 3 cores da sua espiritualidade* isso é referido como "Crescimento Nível B". Enquanto para a média cristã é recomendável, mas não essencial, atingir o nível B; para os líderes é obrigatório.
- Em segundo lugar, nós nos esforçamos em ajudar os líderes a **construírem relacionamentos de confiança autênticos**. O termo bíblico para "confiança" nada mais é do que "amor". Já que liderança se expressa no relacionamento, é essencial que os líderes aprendam como o amor divinamente inspirado pode permear todos os aspectos de suas vidas. O livro *As 3 cores do amor* ajuda as pessoas a alimentarem essa realidade.

Caráter (1):

Qual dos nove estilos espirituais é sua antena pessoal para Deus? Como você se relaciona com pessoas com outros estilos? Qual a sua maturidade como um cristão (nível A ou nível B)?

Caráter (2):

O quanto você é capaz de construir relações caracterizadas pela confiança? Quão fortemente seus relacionamentos são moldados por cada um dos oito Frutos do Espírito?

Dom:

Você tem um dos quatro dons de liderança (seja manifesto ou latente)? Quais são os outros dons através dos quais você vai influenciar a vida de outras pessoas?

Treinamento (1):

Quais são princípios fundamentais de liderança que você precisa aplicar? Qual é sua necessidade de treinamento primária como um líder, e quais são as maiores necessidades das pessoas que você se esforça para capacitar?

Treinamento (2):

Como você pode aplicar os princípios da liderança na prática no nível mais básico – os pequenos grupos? Como você pode desenvolver futuros líderes através de pequenos grupos integrais?

Os ingredientes principais dos dons

O livro *As 3 cores dos seus dons* ajuda as pessoas a identificarem seus dons espirituais. Ele apresenta uma lista de 30 dons, entre eles quatro dons diferentes de liderança (os dons de liderança, organização, apóstolo e pastoral). Para qualquer um que considere uma posição de liderança, é importante descobrir se tem um dos dons de liderança – e, em caso afirmativo, qual deles.

Se uma pessoa tem ou não um dom de liderança, ela se beneficiará em realizar o treinamento apresentado em *As 3 cores da liderança*. Liderança se expressa na influência, independentemente se você influencia a vida de outras pessoas por seu dom de sabedoria, evangelização, ensino, cura ou hospitalidade, aprender os princípios de capacitação vai melhorar a efetividade de seu ministério.

Os ingredientes principais de treinamento

As 3 cores da liderança, claro, é o livro básico para treinamento de liderança. Ele não só ensina os princípios da liderança, mas também ajuda você a aplicá-los em sua área de responsabilidade. É acompanhado por uma multiplicidade de ferramentas baseadas na web.

O lugar ideal para o desenvolvimento da liderança é o ambiente de pequeno grupo. Na maioria das vezes nós não estamos liderando indivíduos, mas grupos ou equipes. Não há melhor lugar para testar seu potencial de liderança do que dentro de um pequeno grupo. *As 3 cores da comunidade* não se concentra na função técnica de um pequeno grupo, mas no desenvolvimento da espiritualidade e caráter – as principais áreas em que muitos líderes precisam crescer.

Capacitação: produzindo mais líderes

Foi Donald McGavran, o pai do movimento de crescimento da igreja moderna, que, há 25 anos, me fez uma pergunta que mudou a minha vida. "Qual é o verdadeiro fruto de uma macieira?", ele queria saber, esperando com curiosidade minha resposta. Naquele tempo eu era ingênuo o suficiente para responder: "É uma maçã, claro."

Parecia que McGavran estava esperando eu dizer isso. "Erraaado", ele disse, enquanto fazia uma pausa significativa. "O verdadeiro fruto da macieira não é uma maçã, mas outra macieira." McGavran queria deixar bem claro que este era para ser um conceito de mudança de vida para mim.

O verdadeiro fruto de um líder

Levei vários anos antes que percebesse a sabedoria daquela simples declaração. Se o verdadeiro fruto de uma macieira não é uma maçã, mas outra macieira, então, o verdadeiro fruto de um pequeno grupo não é um novo membro, mas outro grupo. E o verdadeiro fruto de um evangelista não é uma conversão, mas outro evangelista. E o verdadeiro fruto de uma igreja não é um novo grupo, mas outra igreja.

E, finalmente, o verdadeiro fruto de um líder não é um seguidor, mas outro líder. Na verdade, essa é uma mensagem de mudança de vida. Obrigado, Donald McGavran, por me ajudar a descobrir esse princípio divino! Uma vez que esta semente foi plantada em minha mente, tenho continuamente pensado em como criar uma infraestrutura baseada em ter como resultados esses processos reprodutivos. Em vez de investir muita energia na construção de um impressionante "Quadro A", investir toda a nossa energia na ilimitada multiplicação do "Quadro B" (veja página 18)! Decidi fazer dela a estratégia da minha vida.

Multiplicação e caráter

No entanto, alguns anos atrás descobri que eu era, obviamente, melhor em ensinar esse princípio do que em moldá-lo. Fui convidado por uma grande igreja que havia sido profundamente influenciada por meu ensino do DNI. O pastor sênior foi incrivelmente consistente na aplicação do princípio da multiplicação em todos os níveis da vida da igreja.

Em sua igreja é praticamente impossível fazer qualquer coisa sem treinar e capacitar alguém. É esperado de todos que compartilhem com os outros o que tenham aprendido. Até mesmo o sistema de som é configurado de modo que, sem a presença de uma segunda pessoa (aprendiz), não vai funcionar. Você não pode nem mesmo ligá-lo sem uma segunda pessoa! Ter definido o equipamento técnico dessa forma garante que nada possa ser feito sem colocar em movimento um processo de capacitação de multiplicação.

Se você perguntar a qualquer pessoa no campus da igreja por que eles estão fazendo seu trabalho, pode ter certeza que ouvirá alguma variação do seguinte: "Quero capacitar outros trabalhadores que, por sua vez capacitem outros trabalhadores". Você vai ouvir esta resposta de um líder de grupo pequeno, de um presbítero, do técnico de vídeo, da senhora da limpeza e do líder do grupo de artes marciais. Quando perguntei a Jeremy, o diretor de música – um jovem e muito talentoso maestro – por que ele faz o que faz, ele disse a mesma coisa: "A fim de capacitar mais diretores de música, que por sua vez irão capacitar mais diretores de música".

A última vez que visitei essa igreja, Jeremy estava no processo de se preparar para um novo ministério, uma vez que já tinha capacitado um número suficiente de pessoas com potencial para assumir seu trabalho. Compare isso com a atitude generalizada de defender o território, que geralmente é impulsionada pela insegurança e ansiedade – e em quase todos os casos, por um foco na construção de um impressionante "Quadro A". Multiplicação é, definitivamente, mais do que apenas uma técnica de gestão. Tem muito mais a ver com caráter e maturidade espiritual do que pode parecer à primeira vista.

De ensinar a moldar

Após a realização de um seminário naquela igreja, tive uma reunião com Matt, o assistente técnico da igreja, já que ele ia cortar um trecho do vídeo que tinha feito do seminário. Quando eu o conheci, estava sentado atrás de sua mesa de vídeo. A cadeira ao lado dele estava vazia, então eu me sentei; tomamos uma xícara de café juntos e tivemos um bom bate-papo. Ao longo da nossa conversa, Matt parecia um pouco desconfortável, mas não dei muita atenção. No final da nossa conversa eu tinha o meu trecho de vídeo e fui embora feliz.

Mais tarde, seu pastor me contou o quão difícil foi a nossa reunião para Matt. Pouco antes de nos conhecermos ele recebeu a notícia de que seu aprendiz tinha ficado doente. Essa foi a razão da cadeira ao lado dele estar vaga no momento do nosso encontro. Uma vez que, no sistema de valor de sua igreja, uma "cadeira vazia" era quase considerada um "pecado mortal" da liderança (e como Matt estava convencido de que sua igreja tinha aprendido isso de mim), ele estava com medo de como eu poderia reagir ao desastre da cadeira vazia – a síntese da falha de liderança. Bem, o fato é que eu nem sequer notei. Fiquei feliz de ter o meu café e meu vídeo.

Outro fato, é que esse evento mudou a minha vida. Cerca de vinte anos após a pergunta de Donald McGavran sobre o verdadeiro

---

Mais na web:

Em 3colorsofleadership.org você vai encontrar respostas para as seguintes questões:

• Existem situações em que é justificável ver seguidores como ajudantes do líder?

• Por que a maioria dos processos de multiplicação chega a uma paralisação depois de um tempo?

Esquerda: seguidores como ajudantes de líderes. Direita: capacitação de liderança resultando em uma multiplicação de liderança em andamento.

fruto de uma macieira, percebi que preciso me tornar muito mais consistente, não apenas em entreter as pessoas com histórias de macieiras, mas na modelagem e exigência de mentalidade de macieira onde quer que eu esteja.

Desde então, é consideravelmente menos relaxante tomar uma xícara de café comigo. Mas hoje eu tento usar todas as oportunidades para iniciar processos de multiplicação de capacitação. O que hoje chamamos de *Dinâmica de Mudança Espiritual* (o conteúdo da terceira parte deste livro) tem sua origem na reflexão do meu encontro com Matt. Obrigado, Matt, por ajudar-me a implementar esse princípio divino!

Compartilhando o que você recebeu

A linha inferior de multiplicação, especialmente para os cristãos, é compartilhar o que você recebeu. O segredo é compartilhar *tudo* o que você recebeu, tão ridículo ou quão impressionante possa parecer. Você repassa os seus cinco pães e seus dois peixes – e espera Deus multiplicá-los. E ele *vai* multiplicá-los. Nossa tarefa não é a multiplicação, mas o repasse.

Quando invisto em aprendizes através da aplicação da Dinâmica de Mudança Espiritual, espero que eles passem o que receberam de mim, para duas outras pessoas. Podem fazê-lo imediatamente ou no futuro mais distante, mas eles *têm* que fazê-lo. É um compromisso no qual eu insisto. No momento em que eles comunicam que não estão dispostos a fazê-lo – normalmente expressam isso me dizendo que não são *capazes* de fazer – interrompo imediatamente o processo de treinamento.

Os Davis do DNI—os verdadeiros motivadores e agitadores

Deixe-me falar sobre as pessoas com as quais eu quero mudar o mundo. Todos eles são líderes de igreja. A maioria deles tem uma igreja média ou pequena, mas alguns deles pastoreiam megaigrejas. A maioria não é famosa, mas alguns são. Alguns são oradores fascinantes; outros, nem tanto. Eles pastoreiam igrejas urbanas e rurais, vivem em países ocidentais e não ocidentais, podem ter um doutorado ou nenhum grau acadêmico. Nós os chamamos de os *Davis do DNI* – inspirados pela história bíblica de Davi e Golias. O que esses Davis do DNI têm em comum?

Descobrindo os Davis do DNI

Neste ponto, temos que ficar mais abstratos (alguns chamam de chato), uma vez que vamos lidar com o nosso projeto de pesquisa mais recente sobre a liderança da igreja. De aproximadamente 70 mil igrejas que fizeram um perfil DNI, selecionamos igrejas que preencheram os seguintes critérios:

1. Eles haviam feito **quatro ou mais Perfis DNI**. Esse critério foi motivado por duas preocupações. Em primeiro lugar, queria ter a certeza de que eles tinham um compromisso de longo prazo com o desenvolvimento da igreja. Em segundo, queríamos analisá-los por uma base de longo prazo, assumindo que alguns frutos (ou falta deles) só seriam visíveis depois de um período de tempo considerável.

2. A **qualidade dessas igrejas tinha aumentado em 15 pontos** em algum momento entre a primeira e a última pesquisa. Em outras palavras, essas igrejas não tinham necessariamente alta qualidade, mas tinham experimentado um *crescimento considerável na qualidade*. Por exemplo, se uma igreja teve um índice de qualidade relativamente estável de 55 por vários anos, ela não se classificou. No entanto, se tinha crescido de uma média de 35 a 50 em qualidade, ela se classificou. Esse critério nos permitiu selecionar igrejas que tinham experimentado processos de mudanças de profundo alcance (uma vez que qualquer forte aumento de qualidade indica um processo de mudança).

3. Alternativamente, se uma igreja tinha atingido um índice de **qualidade 65 ou superior**, era qualificada desde que mantivesse esse nível ao longo de quatro perfis. Nós aplicamos esse critério pelo seguinte motivo: uma vez que uma igreja tenha atingido um alto nível de qualidade (65 é um valor muito alto), torna-se cada vez mais difícil aumentar esse valor. Porque essas igrejas atraem tantas pessoas novas, manter um alto nível de qualidade significa implementar os mesmos princípios de qualidade repetidamente na vida de um grupo de pessoas constantemente mutável – o que por si só é uma conquista significativa.

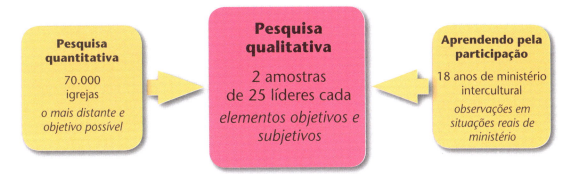

Uma pesquisa qualitativa de uma amostra pequena, cuidadosamente selecionada (centro), somente poderia ser feita com base nos dados reunidos através da pesquisa quantitativa (esquerda) e observações em situações reais de ministério (direita).

Definir os critérios para essas igrejas em termos abstratos é uma coisa, mas tem sido algo completamente diferente encontrar seus pastores e ministrar ao lado deles. Considero um dos maiores privilégios da minha vida ser cercado pelos Davis do DNI. Grande parte do conteúdo deste livro foi moldada pela minha interação com esse tipo de pessoas.

Pesquisa quantitativa e qualitativa

Nosso ministério tornou-se conhecido pela nossa *pesquisa quantitativa*. Este é, na realidade, um termo engraçado para uma pesquisa que é cem por cento focada em avaliar a qualidade. Nas ciências sociais, o termo *pesquisa quantitativa* simplesmente se refere ao método de medição. Uma vez que usamos questionários para avaliar a qualidade da igreja e aplicamos elevados padrões de objetividade, confiabilidade e validade, nossa metodologia de pesquisa se enquadra na categoria de *pesquisa quantitativa*. Ela está simbolizada pela caixa da esquerda no diagrama acima.

A caixa à *direita* representa a minha segunda fonte de aprendizagem. No DNI Internacional não estamos apenas envolvidos na pesquisa, mas também – e especialmente – em processos de mudanças práticas. Ao longo de 18 anos de ministério intercultural, minha equipe e eu tivemos a oportunidade de estudar líderes, trabalhando junto com eles, e vê-los experimentarem esses processos de mudança. Esse tipo de aprendizagem é diferente do que mandar-lhes questionários e avaliar os resultados de um ponto de vista estatístico. É muito mais uma pesquisa subjetiva do que quantitativa, mas não menos relevante.

Tanto a pesquisa quantitativa (acima à esquerda) quanto o aprendizado por participação (acima à direita) têm contribuído para a pesquisa qualitativa que realizei, a fim de chegar às mais apuradas observações sobre liderança (acima no centro). A fim de fazer isso, selecionamos dois exemplos de 25 líderes cada: 25 Davis do DNI e, como um grupo de controle, 25 pastores de megaigrejas (ou seja, igrejas com comparecimento de 2.000 pessoas ou mais). Entrevistei os pastores dos dois grupos, principalmente através de conferências pelo Skype. Como muitos deles fizeram o *Teste de Capacitação*, tive a oportunidade de também discutir os resultados do teste com eles.

A pesquisa qualitativa não se realiza por meio de questionários e dados objetivos, mas através do estudo deliberado de todos os tipos de observações subjetivas. Estes vão desde o som da voz, a linguagem corporal, a atitude revelada, a reação a desafios impre-visíveis, a inúmeros outros fatores.

Nas ciências sociais, há uma contínua – e controversa – discussão sobre se a pesquisa qualitativa ou quantitativa fornece os melhores resulta-dos. Acho essa discussão um pouco entediante, já que pode ser facil-mente mostrado que a *combinação* das duas abordagens é, de longe, a mais promissora. Essa é a razão pela qual seguimos este curso.

A seleção do grupo de controle

A ideia por trás da escolha de um grupo de controle, conforme descrito acima, foi a seguinte: nós tomamos como certo que os pastores de megaigrejas são "bons líderes" (uma hipótese que, na verdade, era confirmada pela pesquisa). Ao estudar os Davis do DNI, nós não queríamos perguntar simplesmente: "O que todos os Davis do DNI têm em comum que os distingue do restante?" Em vez disso, perguntamos: "O que os Davis do DNI têm em comum que os distingue dos geralmente reconhecidos "bons líderes", como representado por pastores de megaigrejas?" As diferenças entre essas duas categorias acabaram, de fato, sendo reveladoras.

Nosso procedimento de pesquisa foi inspirado pelo clássico de liderança de Jim Collins, *Empresas feitas para vencer* (São Paulo: HSM, 2013). Collins afirma que o passo mais importante de todo o seu esforço de pesquisa foi "contrastando as empresas boas a exce-lentes a um conjunto cuidadosamente selecionado de empresas de comparação". Ele escreve: "A questão crucial em nosso estudo não é 'O que as empresas boas e as excelentes têm em comum?' Em vez disso, a questão crucial é 'O que as empresas boas a exce-lentes compartilhavam em comum que as *distinguia* das empresas de comparação?' " Como um grupo de controle, Jim Collins optou por aquilo que ele definiu como uma "boa empresa".

Esta foi exatamente a ideia por trás do nosso estudo qualitativo, quando contrastamos os Davis do DNI com pastores de megaigrejas. Claro, alguns pastores se qualificaram para ambas as categorias (ou seja, Davis do DNI que pastoreiam uma megaigreja), mas a maioria, não. Uma vez que tivemos a pesquisa quantitativa sobre essas igrejas em mãos e também os resultados dos *testes de capacitação*, a pesquisa qualitativa foi enriquecida por inúmeros insights diferentes.

O que podemos aprender com os Davis do DNI

Quais são as características dos Davis do DNI que os distinguem do grupo de controle de pastores de megaigrejas?

- Em primeiro lugar, eles são caracterizados por um **caráter extremamente firme**. Isso é demonstrado por sua necessidade muito menor de símbolos de status ou demonstrações de orgulho ("Nós somos os maiores"), do que poderia ser detectado no grupo de controle. A atitude condescendente é uma característica praticamente inexistente entre os Davis do DNI.

- Em segundo lugar, ao longo de nossa pesquisa qualitativa, todos eles apresentaram uma enorme **predisposição para o ensino** e curiosidade de aprender coisas novas. Se algo em seu ministério vai mal, eles não tendem a explicá-lo pelo contexto ou outros fatores externos, mas por seus próprios erros. Parecem questionar-se constantemente. No grupo de controle, a tendência de estar em um modo de ensino padrão, em vez de aprendizagem, era consideravelmente mais forte. Alguns dos pastores de megaigrejas também surgiram como consideravelmente mais defensivos do que os Davis do DNI.

- Em terceiro lugar, eles têm uma **mentalidade de multiplicação**. Estão ansiosos para compartilhar o que receberam. Entre o Davis do DNI há uma forte tendência de investir em processos de multiplicação mesmo que suas igrejas não se beneficiem deles. Dentro do grupo de controle, a tendência para construir um "grande quadro A" é visivelmente mais forte.

- Em quarto lugar, em minhas entrevistas, descobri que eles **administram polaridades** facilmente – espiritualidade e administração, relacionamentos e realização do objetivo, o natural e o sobrenatural, para citar apenas alguns. Enquanto no grupo de controle, tivemos um considerável número de pastores com uma forte tendência em uma direção, os Davis do DNI geralmente se movem naturalmente entre esses dois polos.

- Em quinto lugar, a observação anterior foi confirmada pelos resultados de seus testes de capacitação que foram caracterizados por um **equilíbrio entre as asas de liderança e de capacitação** (com uma tendência um pouco mais forte em direção à asa de capacitação). O grupo de controle apresentou resultados mais desequilibrados em média, com uma forte tendência para a asa de liderança.

A forma mais pura de liderança

É geralmente aceito que o trabalho com voluntários fornece o melhor estudo de caso para a aprendizagem de princípios de liderança. A autoridade em liderança, John Maxwell, escreve: "Em organizações voluntárias, tais como igrejas, a única coisa que funciona é a liderança em sua forma mais pura. Líderes têm apenas sua influência para ajudá-los".

Maxwell chega à seguinte conclusão: "Se você é um empresário e realmente quer saber se o seu pessoal é capaz de liderar, peça a eles que sejam voluntários com seu tempo na comunidade. Se eles podem levar as pessoas a segui-los enquanto estão servindo na Cruz Vermelha, em uma ONG ou em sua igreja local, então você sabe que eles realmente têm capacidade de influência – e liderança. "Em outras palavras, as lições que podem ser aprendidas em igrejas – e outras organizações de voluntariado – podem ser aplicadas com sucesso no mundo dos negócios, ao passo que o contrário não necessariamente funciona.

Os bons e os grandes líderes

Ao falar sobre nossa pesquisa e os resultados iniciais, tenho repetidamente encontrado considerável perplexidade com o fato de que colocamos pastores de megaigrejas na categoria de "bom líder", e os Davis do DNI na categoria "grande líder". As duas respostas críticas mais frequentes foram as seguintes:

- Em primeiro lugar, "Por que você considera os pastores de megaigrejas líderes ruins? Eles, definitivamente, não merecem essa avaliação".
- Em segundo lugar, "Não deveria ser o contrário, ou seja, os Davis do DNI são bons líderes, enquanto os pastores de megaigrejas são grandes?"

Mais na web:

Em3colorsofleadership.org você vai encontrar respostas para as seguintes questões:

• Posso entrar em contato com os Davis do DNI na minha área geográfica?

• Se um Davi do DNI é o líder de uma megaigreja, em que aspectos aquela igreja difere de outras megaigrejas?

Nós, definitivamente, não consideramos os pastores de megaigrejas "maus líderes". Na verdade, todos os dados que recolhemos provam que eles são, em média, "bons líderes". Não é sem razão que eles têm uma grande reputação, e todos nós podemos aprender muitas coisas com eles. Quando você está em busca de um bom líder, procurar entre os pastores de megaigrejas é o lugar certo para ir.

No entanto, na seleção dos Davis do DNI, usando o conceito adquirido a partir da pesquisa de Jim Collins, identificamos o que chamamos de "grandes líderes". Não estamos comparando o bom com o mau, mas o bom com o grande. Devo admitir que esse tipo de comparação simplesmente não foi possível em qualquer outro momento, já que precisamos do enorme conjunto de 70 mil igrejas de todo o mundo para chegar a essas duas amostras. Portanto, é compreensível que a imagem de "líderes da igreja modelo" era quase exclusivamente moldada por pastores de megaigrejas. No entanto, isso certamente mudará ao longo do tempo, e essas mudanças serão frutíferas.

Bom demais para ser verdade

Honestamente, a descoberta dos Davis do DNI parece quase boa demais para ser verdade. Essa descoberta, por si só, justifica o esforço intenso da investigação dos últimos 18 anos, pois sem os resultados das 70 mil igrejas pesquisadas, nunca teríamos sido capazes de identificar esse grupo relativamente pequeno, mas crescente, de pessoas. Muitas das coisas que você vai estudar neste livro foram aprendidas a partir deles. No passado, esses líderes eram praticamente invisíveis para nós. Agora isso mudou.

Parte 2

A 6 Asas Características— chave para capacitação

Liderança tem uma ampla variedade de facetas, e muitas habilidades podem ser benéficas para os líderes. Os políticos podem precisar de habilidades diferentes das dos pastores; pessoas de negócios, diferentes dos líderes de pequeno grupo; e plantadores de igrejas, diferentes dos consultores. Mas que princípios fundamentais são essenciais, independentemente de sua posição específica de liderança? Como você pode aplicá-los em sua área de responsabilidade? E como você pode ajudar os outros a aplicá-los em suas vidas? Este é o foco da Parte 2. Ela começa com o Teste de Capacitação e continua com um retrato dos seis princípios fundamentais da liderança. Uma vez que o Teste de Capacitação tenha revelado sua classificação em cada uma das seis escalas, estudar os seis princípios será a primeira parte de seu treinamento de capacitação.

3colorsofleadership.org

O Teste de Capacitação

O objetivo deste livro não é apenas descrever os princípios de capacitação de liderança, mas também ajudar a determinar onde você precisa se concentrar a fim de crescer. Este é um dos principais objetivos do Teste de Capacitação. Depois de ter completado o teste, você vai saber exatamente quais os seus pontos fortes e fracos de liderança, e a qual área deve dar atenção.

Ao estudar os princípios individuais de liderança retratados na Parte 2 deste livro, você será capaz de relacionar tudo o que leu a seus próprios resultados dos testes. Ao fazê-lo, o efeito de sua leitura será completamente diferente do que se estivesse apenas estudando essas páginas como uma "teoria" abstrata.

Como você consegue seus resultados?

O que você precisa fazer a fim de obter os resultados de seu Teste de Capacitação? Uma vez que é um teste on-line, você vai precisar acessar *www.3colorsofleadership.org*, onde encontrará todas as instruções técnicas necessárias. Os três passos básicos são os seguintes:

- Em primeiro lugar, clique em "Faça o teste" e, em seguida, **insira o código de acesso encontrado no marcador de páginas incluído neste livro**. Este é um código personalizado, diferente para cada cópia deste livro. Ele permite você fazer dois Testes de Capacitação. Se você quiser fazer mais testes no futuro, pode comprar senhas adicionais a qualquer momento.

- Em segundo lugar, você será solicitado a fornecer os nomes e endereços de e-mail de algumas **pessoas que tem influenciado**. Tem que haver um mínimo de dois e pode ser quantas você quiser. Recomendamos que indique um mínimo de 5 a 10 pessoas. Cada um vai receber um convite para preencher um questionário online para você. Pode usar o texto do convite que fornecemos, editá-lo de acordo com suas necessidades ou escrever um completamente novo. Você também terá a oportunidade de ver o questionário com antecedência, a fim de ter uma ideia sobre o tipo de perguntas que serão feitas. E, será notificado logo que cada pessoa tenha preenchido o questionário.

- Em terceiro lugar, você **calcula seus resultados,** que serão exibidos no formulário dos diagramas nas páginas 43 e 49. Eles vão lhe mostrar qual das seis asas características é atualmente a sua mais forte, e qual a sua mais fraca. Ao longo do restante deste livro você encontrará instruções sobre como trabalhar com os resultados do seu teste – tanto na teoria (Parte 2) quanto na prática (Parte 3). Em um determinado momento no futuro, você deve repetir o teste e verificar seu progresso.

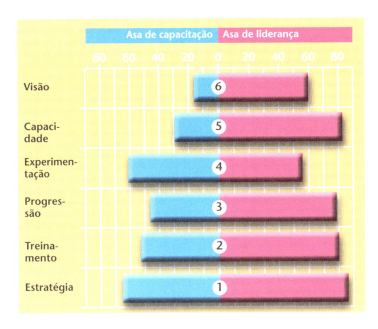

Exemplo de um resultado do teste: as seis asas características estão ordenadas, da mais forte à mais fraca, começando na parte de baixo do gráfico. O ponto mais forte desse pastor é estratégia (1); seu fator mínimo é visão (6). Um olhar mais atento aos seus resultados de visão revela que, enquanto ele é relativamente forte na asa de liderança ("Lance uma visão", magenta), a asa de capacitação ("Libere a visão dos outros", ciano) precisa de sua atenção especial.

Quem pode fazer o Teste de Capacitação?

Contanto que você saiba de pelo menos duas pessoas que tem influenciado, pode completar o Teste de Capacitação. Você definitivamente não tem que estar em qualquer posição de liderança oficial para fazer isso. Um dos resultados do teste será o de mostrar às pessoas que não têm certeza se Deus as receberia para assumir uma responsabilidade de liderança, qual é o seu potencial de liderança.

Se você tem sido um líder por um longo tempo, completar o Teste de Capacitação o ajudará a levar sua liderança a um nível totalmente novo. Em seu caso, nós o encorajamos a expandir seu número de respondentes para ajudar a determinar o alcance de sua capacitação. Os resultados irão ajudá-lo a garantir que seu ministério esteja se multiplicando.

O que mede o Teste de Capacitação?

Enquanto várias pessoas preencherão questionários através do processo de teste, você mesmo não vai. Alguns líderes têm ficado intrigados com esse procedimento. Eles teriam gostado de preencher o próprio questionário. No entanto, ao contrário de outros testes, o Teste de Capacitação não mede nada que esteja "dentro de você". Em vez disso, ele mede o que tem "saído de você".

Para entender plenamente o que o teste avalia, pode ser útil dar outra olhada no diagrama na página 13. Esse diagrama ilustra como o teste, em vez de avaliar você, avalia os resultados de seu ministério na vida das pessoas que você tem se esforçado para capacitar, e avalia seu relacionamento com aquelas pessoas. É preciso lembrar que a liderança se expressa, primeiro e acima de tudo, nos relacionamentos.

Observe que a fórmula matemática que calcula os resultados já tem incorporado o equilíbrio entre os dois polos de cada asa característica. Vamos supor que sua pontuação para "lançar uma visão" (magenta) seja bastante elevada, enquanto sua pontuação para "liberar a visão de outros" (ciano) seja notavelmente mais baixa. Esse desequilíbrio irá resultar em uma pontuação comparativamente baixa para a escala de visão como um todo. Ele se baseia na hipótese – confirmada pela nossa pesquisa – que em cada uma das seis escalas, o equilíbrio as asas de liderança e capacitação, é tão importante quanto seus valores combinados.

Quem vai ver os resultados?

No DNI Internacional, temos os mais altos padrões imagináveis quando se trata da confidencialidade dos dados. Ninguém nunca vai ver seus resultados, exceto você – e, é claro, alguém com quem você decida compartilhá-los. Mas isso é exclusivamente sua decisão. Da mesma forma, você não vai ver as respostas individuais das pessoas que preencheram o questionário para você. Você só vai ver o resultado coletivo. Isso permite que aqueles que preenchem o questionário o façam com total honestidade e liberdade.

Finalmente, o nosso banco de dados não retém para qualquer outra finalidade os endereços de e-mail dos entrevistados que preencherão o questionário para você. Nós só acrescentaremos à nossa lista se eles indicarem explicitamente que gostariam de receber nosso boletim informativo.

Como você pode usar a segunda senha?

Todos os que compraram este livro recebem duas senhas. Acreditamos que você vai querer usar a primeira senha para o seu próprio levantamento inicial. Mas incluímos deliberadamente uma segunda senha como um presente para você usar como quiser. A seguir estão algumas ideias:

- Em primeiro lugar, você pode usá-lo para fazer um segundo Teste de Capacitação com um grupo-alvo diferente (veja a próxima seção).
- Em segundo lugar, você pode usá-lo depois de certo período de tempo para fazer um segundo perfil com o mesmo grupo-alvo para monitorar seu progresso.
- Em terceiro lugar, você poderia dar esta senha para outra pessoa, como uma das pessoas que você pretende capacitar (que poderia ser um daqueles que preencheram o questionário para você).

Como você pode usar o teste em diferentes contextos?

Um dos maiores benefícios do Teste de Capacitação é a possibilidade de usá-lo em diferentes contextos de ministério e para comparar resultados. As pessoas que preenchem o questionário para você não têm que ser membros do mesmo grupo. Você pode optar por selecionar cinco pessoas de cinco continentes diferentes que você capacitou em cinco diferentes fases de sua vida. Você pode selecionar as pessoas com quem você teve uma intensa relação de treinamento ou aqueles que se beneficiaram com a sua liderança de outra forma, talvez como um membro de um grupo que você está liderando. Você pode pedir para 3 ou 300 pessoas preencherem o questionário. Todas essas opções existem. Por isso, você deve considerar cuidadosamente a quem perguntar.

Quando fizer seu *primeiro* Teste de Capacitação, selecione pessoas para preencherem o questionário em cujas vidas os resultados de seu ministério são mais visíveis. Em outras palavras, comece com as pessoas com quem você acha que fez um trabalho relativamente bom. Os resultados a partir desse grupo-alvo irão revelar o potencial que está dentro de você e que poderia ser utilizado em outros contextos.

Depois de ter obtido um perfil inicial, você pode considerar a realização do teste em outros contextos: talvez pedindo aos membros de seu pequeno grupo para preencherem o questionário; ou os membros de uma comissão da qual você seja presidente; ou o conselho de presbíteros de sua igreja. As opções são infinitas. Você pode coletar informações extremamente valiosas, preenchendo diferentes perfis em diferentes situações do ministério e comparando-os uns com os outros. O site vai ajudá-lo a fazer isso.

> **Mais na web:**
> Em 3colorsofleadership.org você vai encontrar respostas para as seguintes questões:
>
> • Ao aplicar o teste em nível corporativo (pequeno grupo, toda a igreja ou denominação), quais são os descontos para grande quantidade?
>
> • Qual a frequência ideal com que deve ser repetido o teste?

Como você pode usar o teste no nível corporativo?

O sistema por trás do teste de capacitação é desenvolvido de tal maneira que possa ser facilmente utilizado para avaliar o potencial de liderança de um grupo maior de pessoas. Não só o grupo individual de membros obtém seus resultados, mas você também irá receber uma avaliação corporativa que pode ser altamente relevante para o planejamento estratégico. Considere as seguintes possibilidades:

• Como um líder denominacional, você pode desejar que todos os seus pastores recebam um perfil de capacitação – e ver, ao mesmo tempo, as tendências corporativas de sua denominação.

• Se você está organizando uma conferência ou um seminário, pode querer incluir a realização do Teste de Capacitação como parte do processo de registro. A partir do momento do início do evento, cada participante tem seus resultados em mãos, e o ensino e a interação pode se concentrar em ajudar cada participante a tomar passos práticos para o crescimento.

• Você pode querer usar o teste para todos os membros de sua equipe de liderança e seu atual grupo de líderes aprendizes.

• Você pode querer apoiar o desenvolvimento de liderança dentro de um projeto missionário de sua igreja ou organização, através do patrocínio de senhas para pessoas em outro país.

Para iniciativas corporativas como essas e muitas outras você pode obter grandes descontos no teste. Visite *www.3colorsofleadership. org* para mais informações e clique em "Compartilhe".

Compreendendo os resultados

Como alguém que tem desenvolvido uma variedade de testes, estou ciente que há pessoas que querem, principalmente, se divertir com os resultados: "Oh, sou eu. Que interessante. Quão revelador. Que comovente". Mas, no final, o que foi tão interessante, revelador, e tocante, não *muda* nada. Um ano depois que tenham completado seu teste, muitos deles ainda lutam com os mesmos problemas, e podem até usar os resultados dos testes para se justificar: "Eu sou um *líder de visão*. Não sou bom em processos práticos de capacitação."

O fato é que a qualidade das seis asas características *pode* ser consideravelmente melhorada na vida de um líder e, na verdade, deve ser melhorada. Pessoalmente, tenho crescido notavelmente em todas as seis áreas ao longo dos últimos anos (eu precisava!), e estou fazendo o meu melhor para ver esse crescimento continuar no futuro. O restante deste livro foi projetado exclusivamente para ajudá-lo em seu próprio processo de crescimento.

Seu ponto de partida

Vamos supor que você e uma pessoa que você gostaria de capacitar – alguém em quem você vê potencial de liderança – tenham completado o Teste de Capacitação ao mesmo tempo. O simples fato de ter esses dois resultados vai fazer uma enorme diferença – tanto para o seu próprio processo de crescimento quanto para o processo de crescimento da pessoa que você pretende capacitar. Na base dos resultados do teste, você vai saber com precisão:

- Seus **pontos fortes** pessoais nas áreas centrais da liderança (a barra mais longa no diagrama na página 43): as chances são altas de que, nessa área, o equilíbrio entre as duas asas seja relativamente bem desenvolvido. O simples fato de saber que esta é a sua maior força, inevitavelmente, o ajudará a utilizar a energia por trás dele de forma mais consistente em seus encontros com os outros.

- Seus próprios **pontos fracos** (a barra mais curta no diagrama da página 43 e, dentro dessa barra, a mais curta das duas asas): este é seu fator mínimo pessoal, ou seja, a área que você precisa abordar de forma proativa, pois poderia severamente minar sua capacidade de liderança. Mais uma vez, o fato de saber que este tende a ser o seu "ponto cego" vai fazer a diferença. Simplesmente por causa desse conhecimento ele não será mais um ponto cego.

Agora imagine que você tem as mesmas informações disponíveis sobre a(s) pessoa(s) que está capacitando. Ao ajudar outras pessoas a crescerem em *suas* áreas de necessidade e, ao mesmo tempo, saber quais são as *suas próprias* áreas de crescimento, você vai

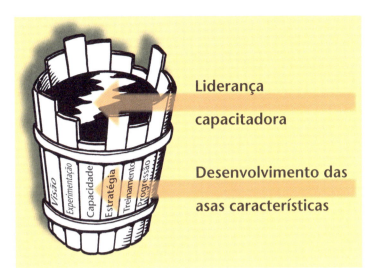

O barril mínimo ilustra que sua ripa menos desenvolvida (ou seja, asa característica) determina o quanto de água o barril pode segurar (isto é, o grau em que seu poder simplesmente vaza).

melhorar dramaticamente sua própria capacidade de liderança no processo de capacitar os outros. Esta é a ideia básica por trás do conceito de Dinâmica de Mudança Espiritual (páginas 99-144).

Fator mínimo e máximo

Dê uma olhada no diagrama acima. Se você estiver familiarizado com o DNI, provavelmente já viu a imagem do barril mínimo antes em outro contexto. O gráfico ilustra com precisão como sua capacidade de liderança está principalmente limitada pela sua asa característica *menos desenvolvida*. Para expressá-lo de uma forma positiva, você pode esperar aumentar seu potencial de liderança global drasticamente, simplesmente pelo crescimento nessa mesma área.

No entanto, eu não recomendaria que você começasse necessariamente trabalhando em seu fator mínimo. Sua experiência anterior de liderança deve determinar quando fazê-lo. Para isso, devemos fazer uma distinção entre dois tipos de líderes:

- Se você é um **líder emergente** que ainda está inseguro em termos de seu potencial de liderança, eu recomendaria que você começasse por gastar um tempo considerável em seu *fator máximo* (ou seja, a asa característica que é mais fortemente desenvolvida). Tenha uma ideia de como isso funciona na sua vida – como você pode proporcionar liderança e capacitação usando esses pontos fortes claramente identificáveis. Depois de ganhar experiência e confiança suficientes nessa área, então, dedique-se ao seu fator mínimo.

- Se você é um **líder estabelecido** e tem confiança na sua capacidade de liderança, eu recomendaria imediatamente que você direcionasse sua atenção para o seu *fator mínimo*. Isso irá fornecer exatamente o tipo de desafio de crescimento que você precisa.

Observe que em toda a Parte 3 (que introduz o conceito de Dinâmica de Mudança Espiritual) você encontrará extensas listas de perguntas que o ajudarão a lidar com as áreas que gostaria de focar, tanto em sua própria vida quanto nas vidas das pessoas que pretende capacitar. Enquanto essas questões estão diretamente relacionadas com o *conteúdo de cada asa característica*, este capítulo vai lhe dar algumas questões norteadoras que o ajudarão a interpretar os *resultados do Teste de Capacitação*.

Perguntas orientadoras para um primeiro perfil

- Em média, qual asa é mais fortemente desenvolvida – *a asa da liderança ou a asa da capacitação* (veja o diagrama 1 na página ao lado)? Quais são as consequências dessa visão? Como você pode, em termos práticos, melhorar a asa que está atualmente menos desenvolvida? Quem poderia ajudá-lo nesse processo?

- Com qual dos seis *Diagramas de Três Cores* (veja diagramas 2 a 7 na página ao lado) o seu próprio perfil mais se assemelha? Comece recordando situações da vida real, em que você tem visto seus pontos fortes (em explicação, motivação ou liberação) em ação. Quais foram os efeitos da aplicação de seus pontos fortes? Como você pode crescer nas faixas de cores que atualmente não estão fortemente desenvolvidas?

- Qual é a sua asa característica *mais fortemente desenvolvida*? Comece por recordar situações da vida real em que você aplicou essa força. Como você se sentiu? Quais foram os resultados? Como os outros poderiam se beneficiar mais dessa força no futuro?

- Qual é a sua asa característica *menos desenvolvida*, o fator mínimo? E dentro dessa área, qual dos dois princípios complementares é mais fraco? Esse é o seu fator mínimo dentro do fator mínimo. Quem você conhece que parece ser forte nessa área? Como você pode se beneficiar com a experiência dessa pessoa?

- Quando você vai fazer um *teste de acompanhamento*, a fim de acompanhar seu progresso? O que gostaria de ver como resultado de uma pesquisa de repetição? Que passos práticos vai tomar nas próximas semanas e meses para ver essas mudanças acontecerem?

Perguntas orientadoras para um perfil de acompanhamento

Ao fazer um perfil de acompanhamento, você deve se assegurar de pedir para preencherem o questionário apenas as pessoas que tiveram a oportunidade de experimentar sua liderança na janela de tempo entre o teste anterior e o atual. Caso contrário, você pode ter mudado significativamente, mas sua mudança não será revelada nos resultados. A fim de avaliar seus próprios desenvolvimentos você precisa pedir a participação de pessoas na mesma *categoria* que as do seu primeiro teste. Se você pediu aos membros de seu pequeno grupo na primeira pesquisa e selecionou pessoas de outras igrejas no segundo, você pode aprender muito sobre sua

| Asa de capacitação | Asa de liderança |

Diagrama 1: avaliação do equilíbrio entre a asa de liderança e a asa de capacitação

Diagrama 2: Forte em explicação, fraco em motivação e liberação

Diagrama 3: Forte em explicação e motivação, fraco em liberação

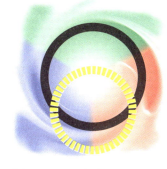

Diagrama 4: Forte em motivação, fraco em explicação e liberação

Diagrama 5: Forte em motivação e liberação, fraco em explicação

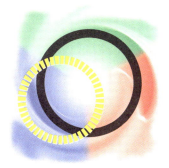

Diagrama 6: Forte em liberação, fraco em explicação e motivação

Diagrama 7: Forte em explicação e liberação, fraco em motivação

Dois tipos de testes de avaliação que são fornecidos para todos os que fazem um teste de capacitação, além da avaliação exibida na página 43. Eles são especialmente relevantes quando o teste de capacitação é aplicado no nível corporativo (ver página 45):

O **diagrama 1** mostra uma avaliação do equilíbrio entre as duas asas (capacitação e liderança). Essa redução drástica dos resultados do teste indica de forma clara a tendência de um determinado indivíduo ou grupo.

Os diagramas restantes (**Diagramas 2 a 7**) mostram uma avaliação de acordo com as três cores que simbolizam as áreas de explicação (verde), motivação (vermelho) e libertação (azul). Cada resultado de teste que um indivíduo ou um grupo recebe, será semelhante a uma das seis possibilidades indicadas.

Apresentações nesse formulário fornecem informações altamente relevantes para planejamento estratégico, especialmente no nível corporativo. Elas revelam pontos fortes corporativos que poderiam ser mais bem aproveitados do que são no presente, e déficits que precisam ser abordados.

liderança em diferentes configurações, mas você não vai, necessariamente, aprender alguma coisa sobre seu progresso pessoal.

Ao avaliar os resultados de sua pesquisa de repetição, comece fazendo as mesmas perguntas que fez após a primeira pesquisa. Depois concentre-se nas mudanças entre os dois perfis.

- Em *qual área* você experimentou mudança mais significativa? Como você explica essa mudança? Que passos práticos você tomou para que isso acontecesse? Como mudanças similares poderiam acontecer em outras áreas que precisam de atenção?
- Seu *fator mínimo* mudou? Se sim, qual é o seu novo fator mínimo, e o que você pode fazer para crescer nessa área? Se não, como você pode melhorar sua estratégia para trabalhar em seu fator mínimo? Que medidas práticas podem ser úteis?
- O que você veria como a mudança mais previsível? Qual a mais *surpreendente*? Que surpresas semelhantes você espera para o futuro?
- Como as *outras pessoas podem se beneficiar na prática* de sua competência como um líder capacitador? Como os outros podem se beneficiar de seus processos de aprendizagem pessoais?

As asas características podem ser aprendidas

Uma possibilidade para lidar com seu fator mínimo pessoal é deliberadamente permitir que outros o complementem em suas áreas de fraqueza. Isso se aplica especialmente se você já realiza seu papel de liderança no contexto de uma equipe. Em tal situação, a obtenção de um perfil corporativo de sua equipe seria de valor significativo (veja meus comentários sobre perfis corporativos nas páginas 45 e 49).

No entanto, mesmo que você permita que outros compensem suas fraquezas pessoais na área de uma asa característica específica, nunca deve parar de melhorar nessa área. Já que todas as seis asas características são essenciais para a liderança, você não pode se dar ao luxo de ignorar um único deles.

O que você aplica em uma determinada situação deve ser sempre motivado pelas necessidades da situação, e não por seu repertório limitado de possibilidades para lidar com eles. Focalizar no lançamento de uma visão em vez de ajudar os outros a liberarem sua visão pode ser exatamente a coisa certa a fazer em uma dada situação. No entanto, seria desastroso focar sempre no lançamento de visão simplesmente porque você nunca aprendeu a liberar a visão dos outros.

Com esse critério em mente, vamos dar uma olhada em cada uma das seis asas características. Como você pode crescer em todas as seis áreas? E como você pode ajudar os outros a experimentarem crescimento?

Mais na web:

Em 3colorsofleadership.org você vai encontrar respostas para as seguintes questões:

- *Como faço para decidir se devo me ver como um líder emergente ou um líder já estabelecido?*
- *Existem situações em que a Dinâmica de Mudança Espiritual não deva ser aplicada?*

As duas asas da visão

Há uma história que tem sido muitas vezes contada. Sua imagem pode soar um pouco desatualizada, mas sua mensagem é atemporal. Na verdade, uma das seis chaves da liderança está à sua disposição assim que você tiver entendido sua essência e aprendido a aplicá-la à sua vida e à vida dos outros. Você vai se surpreender com quantas portas – inclusive portas que você acreditava que nunca poderiam ser abertas – ela irá desbloquear.

É a história de dois pedreiros que têm as mesmas habilidades, a mesma experiência e fazem exatamente o mesmo trabalho. Alguém aborda o primeiro pedreiro e pergunta: "O que você está fazendo?" Ele olha para cima e responde: "Você não vê? Estou colocando tijolos, um em cima do outro. As pedras são pesadas, e levantá-las pode ser árduo. Eu nem tenho certeza se esse projeto será concluído durante minha vida. É um pouco monótono, com certeza".

Cerca de dez metros depois, essa pessoa se aproxima do segundo pedreiro e lhe faz a mesma pergunta. Ele olha para cima e responde: "Você não pode ver? Estou construindo uma catedral. Na verdade, o trabalho é, às vezes, monótono, e pode ser extremamente difícil. Nem tenho certeza se ele vai ser concluído durante minha vida. Mas estou construindo uma catedral!" Ao ouvir as palavras deste homem e olhando para seus olhos, a energia contagiante do pedreiro inundou seu coração.

A mensagem atemporal do pedreiro e da catedral

O ponto central dessa história é óbvio, fácil de comunicar e, ainda assim, raramente compreendido: as pessoas não são inspiradas na tarefa de "pedreiro". Elas querem construir catedrais. Nossa principal tarefa como líderes é comunicar, de todas as maneiras possíveis, a importância da contribuição de cada participante para um propósito maior – um propósito que uma pessoa não poderia chegar por conta própria. Essa comunicação deve estender-se além de fatos e números, e muito além das palavras. Deve incluir as nossas emoções, nossos sonhos, nossa intuição; deve abordar tanto o nosso consciente quanto o nosso inconsciente. Só então podemos esperar para ativar recursos de energia que não podem ser liberados de qualquer outro modo.

Quando as pessoas se queixam do tédio de colocar um tijolo sobre o outro, a solução não é conceder-lhes mais dinheiro, nem necessariamente mudar alguma coisa sobre como elas realizam suas tarefas. Antes de mais nada, é convencê-las de que estão construindo uma catedral. A diferença não é a atividade por si só, nem o ganho financeiro. Pelo contrário, é algo tão abstrato quanto um *paradigma mental* – ou tão concreto quanto a *construção de uma catedral*.

Como líderes, temos que aprender a comunicar o paradigma da catedral, constantemente adaptando-o à situação dada. Talvez essa seja a característica número um de capacitação de liderança. E, como é o caso de todas as asas características, pode ser aprendida.

Estabelecendo um paradigma de catedral

Por causa dos seus respectivos paradigmas, os dois pedreiros perceberam uma realidade completamente diferente, apesar do fato de estarem envolvidos no mesmo projeto e trabalharem apenas a 10 metros um do outro. Como líder, está entre suas tarefas mais importantes...

- **estabelecer um paradigma significativo** usando metáforas que falam tanto com pessoas de mentes conscientes quanto inconscientes,

- e mostrar-lhes **como todos estão contribuindo** para a construção da "catedral".

Então, é claro, você deve realmente *começar* a construí-la e *apoiar* seu pessoal em todo o projeto de construção (que é o foco das outras cinco asas características da liderança). Mas você nunca deve ignorar esse passo fundamental. Isto é "lançamento da visão". Não é um chamariz motivacional. Pelo contrário, ela está levando as pessoas ao significado mais profundo do seu trabalho, senão de suas vidas.

Uma vez que o paradigma mental apropriado está no lugar, tarefas rotineiras, tais como colocação de tijolos, são transformadas em atividades de importância e dignidade. Você não está simplesmente liderando um pequeno grupo, mas impactando as vidas de gerações de pessoas à medida que vidas individuais são mudadas. Você não está apenas trabalhando com fator mínimo de sua igreja, mas contribuindo para a Grande Comissão. Você não está simplesmente recolhendo dinheiro para os pobres, mas construindo sua comunidade para um amanhã melhor. Dessa forma, compor uma carta em seu laptop pode tornar-se um ato de adoração; assumir a responsabilidade de um grupo de jovens, um investimento em uma futura geração; e se envolver nos pequenos detalhes da vida de um auxiliar (mesmo ajudando-os com algo tão trivial como fazê-los sair da cama mais cedo do que usual), um ato de capacitação espiritual. O novo paradigma dá significado aos detalhes de nossas vidas que, de outra forma, não teriam sentido.

Ser parte de algo significativo

É claro que esse tipo de lançamento de visão só pode ser bem-sucedido se o objetivo global for tão relevante quanto – e, espero, ainda mais relevante do que – construir uma catedral. Se não for, você deve perguntar se o objetivo é mesmo necessário. No entanto, em muitos casos o problema é simplesmente que as pessoas não *veem* o propósito maior de seu trabalho. Elas não veem a catedral pelos tijolos, por assim dizer.

Vamos supor que sua esposa chegue em casa do trabalho muito tarde e pareça um pouco estressada. Se você perguntar a ela: "O que você fez hoje?" e sua resposta for algo como: "Tive que trabalhar horas extras", "Ganhei dinheiro" ou "Aumentei o lucro do acionista", você pode ter certeza que seu empregador sabe pouco sobre como funciona o lançamento de visão. Ou, ainda pior, poderia ser uma indicação de que a sua "catedral" é na verdade ganhar dinheiro. Ganhar dinheiro é, muitas vezes, nada mais do que um substituto para uma verdadeira visão. Observe que o segundo pedreiro não disse "Eu ganho muito dinheiro", mas "Estou construindo uma catedral".

A consciência de que se está construindo uma catedral libera uma sensação de finalidade que tem pouco a ver com os incentivos externos ou benefícios a serem adquiridos. As pessoas estão dispostas a suportar inconvenientes e até mesmo sofrimento se entendem claramente como suas contribuições alterarão o futuro.

A fonte da nossa energia

Em minha própria vida, tenho experimentado o poder do paradigma da catedral constantemente. Atualmente estamos enfrentando de uma só vez enormes desafios nas mais diversas áreas do nosso ministério, e as medidas que sou forçado a tomar não são definitivamente "divertidas". Horas de trabalho extremamente longas, rotineiramente a partir das 4 horas da manhã. Trabalhos detalhados, que podem produzir um centímetro de progresso depois de 200 horas de trabalho duro (e às vezes nem isso). Desafios financeiros muito grandes para um ministério como o nosso. Pedras extremamente pesadas, e levantá-las pode ser, literalmente, árduo.

Mesmo no momento de me lembrar dessas coisas, sinto o peso do cansaço obter vantagem, especialmente quando olho para a minha agenda das próximas semanas. Pedras gigantes em toda parte. Frustrante. Deprimente. Até mesmo intimidante. E então eu me lembro: "Estou construindo uma catedral!" Essa imagem, carregada de profunda emoção, como vislumbro o edifício acabado cheio de inúmeras pessoas adorando o Deus trino, muda tudo. Novas energias fluem em cada célula do meu corpo. Posso realmente sentir fisicamente. Adrenalina, é claro, mas eu não tenho nenhuma dúvida de que é adrenalina divinamente induzida.

Hoje e nas próximas semanas vou seguir exatamente a mesma cansativa agenda como originalmente planejado. Mas não estarei apenas levantando tijolos pesados. Estou construindo uma catedral! E em momentos como este, posso sentir totalmente a diferença que faz a catedral que estamos construindo não ser feita de tijolos comuns, mas de "pedras vivas" (1Pe 2.5). Esforçamo-nos para contribuir com nada menos do que o templo de Deus.

Desejo por sentido

Victor Frankl, o grande psicoterapeuta austríaco e fundador da logoterapia, viu a força motivadora primária dos seres humanos não no *prazer* (como Sigmund Freud viu), nem no *poder* (posição de Alfred Adler), mas em sua busca por *sentido*. Uma vez que as pessoas tenham descoberto esse significado, não precisam ser "motivadas" por meios artificiais que resultam, em grande parte – vamos encarar – do entretenimento industrial. Em vez disso, elas estão dispostas a se comprometer com tarefas sacrificiais e cumpri-las, mesmo que as circunstâncias sejam desfavoráveis.

Com essa mentalidade, Frankl não só sobreviveu a vários campos de concentração nazistas, mas – provavelmente a mais desafiadora tarefa – conseguiu perdoar seus perseguidores, que haviam assassinado seus pais e sua esposa. Ele sabia exatamente para que suas ações estavam contribuindo. "Quando entendemos o *porquê*, podemos suportar quase qualquer coisa", ele disse uma vez. O filósofo dinamarquês Søren Kierkegaard expressou esse princípio de vida de uma forma insuperável: "A questão é entender a mim mesmo, para ver o que Deus realmente quer que eu faça, para encontrar a ideia pela qual eu possa viver e morrer".

Viver e morrer – esta não é, de maneira alguma, uma metáfora que expressa uma ideia mais leve, inocente, supostamente mais "favorável ao consumidor", mas as palavras são destinadas em seu sentido mais verdadeiro, mais literal. Isso é lançamento da visão.

Equilibrando as duas asas

Como você pode ver no diagrama à direita, as duas asas de visão são as seguintes:

- *Lançar uma visão* (barra magenta) e
- *Liberar a visão dos outros* (barra ciano).

Muitos líderes são muito fortes na área magenta (asa da liderança), e têm déficits claros na área ciano (asa da capacitação). Em outros casos, o oposto é verdadeiro: alguns líderes são mais fortes em ciano do que em magenta. Seja qual for seu ponto de partida pessoal, o objetivo é levar as duas asas em equilíbrio, e ambas o mais alto nível possível.

Na página 14, abordamos um modelo generalizado de "liderança", no qual os líderes não estão nem mesmo interessados em ajudar os outros a identificarem e liberarem sua visão pessoal (asa da capacitação), mas estão, basicamente, procurando ajudantes dispostos a levar a cabo sua própria visão. Nesse contexto, "lançamento da visão" acaba sendo a comunicação da visão do líder de uma maneira que as pessoas aceitem como suas próprias. Essa abordagem é baseada na suposição de que as pessoas normais não têm uma verdadeira visão para suas vidas, e que elas estão prontamente satisfeitas em se tornar participantes da visão de outra pessoa. Sem dúvida, esse modelo funciona (ou seja, no final, a visão do líder se torna uma realidade); mas também não há dúvida de que é pré-programado para produzir imaturidade.

Uma vez que esse é um padrão refletido em incontáveis livros de liderança, relutei em falar sobre "a minha visão" por minha própria

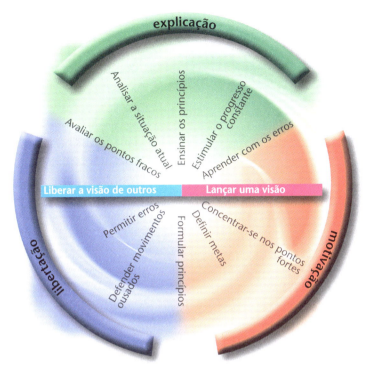

*As duas asas de visão dentro da Bússola Trinitária: **lançar uma visão** como uma expressão da asa da liderança (magenta); **liberar a visão de outros** como uma expressão da asa da capacitação (ciano).*

iniciativa – até ao ponto de ser criticado por isso. Eu queria evitar qualquer possibilidade de dar a impressão de que meu objetivo no Desenvolvimento Natural da Igreja fosse procurar ajudantes para me assessorarem no cumprimento de minha visão pessoal. Quero que as pessoas claramente sintam que estou aqui para apoiá-las na identificação e liberação de sua própria visão, e que tudo no DNI é voltado para esse objetivo.

Mas, é claro, eu tenho uma visão para minha vida. Até agora, eu diria que 10 a 15 por cento dessa visão já se tornou uma realidade, e me comprometo a fazer todo o possível para ver os restantes 85 a 90 por cento se concretizarem. No entanto, minha visão – que acredito firmemente ter sido iniciada por Deus – não é idêntica à sua, que pode ser iniciada por Deus, como a minha.

Não é o seu cavalo de batalhas pessoal

Como líderes, nunca devemos confundir nossa visão pessoal (que é absolutamente legítima, e até necessária) com a visão que devemos lançar no ministério. Em vez disso, devemos nos esforçar para formular uma visão corporativa para as pessoas pelas quais somos responsáveis – seja uma equipe, uma igreja, um negócio ou qualquer outro tipo de organização. Claro, a visão pessoal do líder e a visão corporativa geralmente se sobrepõem de várias maneiras; mas é de extrema importância não confundir as duas. A visão corporativa não é o cavalo de batalhas pessoal de um líder carismático.

Nem é simplesmente a compilação de cada visão individual das pessoas que compõe uma visão corporativa. Para usar a metáfora da catedral: você não pode criar uma *visão de catedral* somando as *visões de colocação de tijolos* individuais. A demanda sobre liderança é ajudar as pessoas a verem a imagem da catedral.

A Bússola Trinitária como uma visão corporativa

Durante muito tempo, debati sobre como efetivamente lançar uma visão corporativa que desse crédito à natureza do nosso ministério, que é tanto *internacional* (ou seja, inclui diversas culturas, com diferentes valores, prioridades e estilos) quanto *interdenominacional* (ou seja, abrange não só uma infinidade de diferentes denominações, mas também todas as tradições espirituais e filosofias de ministério que se possa imaginar).

A partir dessas considerações, surgiu a Bússola Trinitária, que pretende ser uma visão corporativa para a Comunidade DNI. É ampla o suficiente para permitir que diferentes tradições espirituais e culturais preencham as três cores com seus próprios conteúdos específicos (ao contrário de mim, projetando meus próprios conteúdos culturalmente temperados sobre eles). E ainda é estreita o suficiente para dar o foco ao trabalho de milhares de igrejas ao redor do globo.

Tenho que salientar que a Bússola Trinitária, que diz respeito ao equilíbrio, não é algo que conquistei pessoalmente. Sou tão desequilibrado como a maioria das pessoas. Se eu tivesse que descrever minha bússola pessoal, duas das três cores seriam muito mais dominantes do que a terceira. Eu seria um líder terrível se permitisse que essa unilateralidade moldasse meu ensino ("Junte-se a mim para tornar-se tão unilateral como sou"). Meu próprio desequilíbrio é algo que tenho que trabalhar, assim como qualquer um precisa trabalhar sua unilateralidade. A Bússola Trinitária é minha contribuição para uma visão corporativa, o que tanto dá sentido à minha vida quanto à vida dos outros.

O poder de uma visão genuína

Uma das pessoas que mais me influenciaram para tornar-me um cristão foi Martin Luther King, embora eu nunca o tenha conhecido pessoalmente – no dia em que ele foi assassinado eu tinha oito anos de idade. Da minha perspectiva, seu compromisso com a mudança social não violenta tem sido uma das manifestações mais poderosas da fé cristã em ação. E ela serve como um exemplo clássico de lançamento de visão.

Quando, no verão de 1963, um quarto de um milhão de pessoas compareceu para ouvir King proferir seu discurso *Eu tenho um sonho* na escadaria do Memorial Lincoln, em Washington, DC, eles não compareceram para ajudar o dr. King. Compareceram por si mesmos. Eles queriam que seus próprios sonhos se tornassem realidade. "Eu tenho um sonho de que meus quatro filhos pequenos um dia vivam em uma nação onde não serão julgados pela cor de sua pele, mas pelo conteúdo de seu caráter."

Claro, Martin Luther King estava falando sobre seus próprios quatro filhos pequenos. Mas sua visão não era apenas sobre seus filhos. Era sobre a América como uma nação, e todo mundo sabia disso. Na verdade, tratava-se de muito mais do que apenas a América, era sobre justiça social em todas as partes do mundo. Uma vez que esse não era apenas seu sonho pessoal, muitas pessoas poderiam participar e contribuir para fazer esse sonho tornar-se uma realidade.

Quando eu era jovem, mergulhei na vida de Martin Luther King em um nível mais profundo, pude sentir o poder do seu sonho. Já que era uma visão genuína (e não apenas uma tentativa de recrutar ajudantes para cumprir o seu sonho pessoal), eu poderia facilmente participar e fazer dele o meu próprio sonho. E uma vez que ele havia se tornado meu próprio sonho, começou a liberar uma energia misteriosa que reside dentro de uma visão catedral.

Dez anos após a morte de King, escrevi letras para um musical sobre sua vida. Sua viúva, Coretta Scott-King, participou de dois números. Quando o musical foi realizado em muitas cidades alemãs – em momentos diferentes, culturas diferentes e situações políticas diferentes do contexto original do sonho de Martin Luther King – experimentei em primeira mão o poder de uma visão genuína. Ela funciona independentemente do contexto em que surgiu originalmente. A visão não era realmente sobre os quatro filhos pequenos de Martin Luther King. Tratava-se de milhões de crianças, negras e brancas, e era sobre milhões de adultos – nos Estados Unidos, na Alemanha e em todo o globo.

Insatisfação santa

Visão é mudança. Ela revela como a vida pode e, de fato, deveria ser. Por isso, cria-se a insatisfação com o status quo. Você quer deixar seu povo insatisfeito? Ajude-os a liberar suas visões! Visão é revelar a tensão entre o que é e o que poderia ser. A mudança nunca resulta de um sentimento de satisfação. Pessoas visionárias não aceitam as coisas como elas são.

Frequentemente me perguntam: "Você está satisfeito com o que tem conseguido através do Desenvolvimento Natural da Igreja?" Minha resposta a essa pergunta depende completamente do ponto de comparação. Se eu comparar nossa situação atual com onde estávamos, digamos, dez anos atrás, posso ver um progresso considerável e posso ser tentado a ficar satisfeito. No entanto, se o nosso ponto de comparação é onde precisamos chegar, não posso estar satisfeito. Depois de ter um vislumbre do que *pode* ser alcançado e a diferença que isso fará uma vez que tenha sido alcançado, você se torna mais insatisfeito do que nunca.

Visionários não se limitam a perguntar: "O que você quer? O que posso fazer para atendê-lo?" Estas são questões legítimas, mas podem ser facilmente delegadas a pesquisadores de mercado. A visão *não* é necessária para abordar estas questões. Visão *é* necessária, no entanto, para perseguir um sonho que, inicialmente, ninguém entende, porque eles são cem por cento absorvidos pelas realidades do status quo. Visão é necessária para construir uma arca, quando todo mundo diz: "O que você está fazendo aqui? Não há uma única nuvem no céu!" Visão pode suscitar respeito a longo prazo, mas geralmente produz riso e zombaria a curto prazo.

"Deve haver uma maneira melhor"

Experimentei essa dinâmica ao iniciar o ministério que é agora chamado de Desenvolvimento Natural da Igreja. Por muitos anos, literalmente me senti como Noé construindo a arca cercado por pessoas que comentavam sobre a minha louca visão com zombaria amigável e, às vezes, menos amigável. Não estou dizendo que foi um tempo fácil – definitivamente não foi – mas eu não corria realmente o risco de desistir da minha visão. Ela estava muito fundo no meu coração. Eu podia ver diante de mim a catedral concluída em todos os seus detalhes, e podia ver o que aquela catedral significaria para as pessoas que pretendessem entrar nela. Eu podia vê-los sair da catedral, não necessariamente entretidos, mas definitivamente transformados.

Tendo lidado com as realidades da vida da igreja por vários anos, percebi: "Deve haver uma maneira melhor". Meu objetivo era mudar as tradições de como as coisas são tipicamente feitas, e criar novas tradições de fazer igreja. Atualmente, 70 mil igrejas têm trabalhado com o Desenvolvimento Natural da Igreja, e a taxa de crescimento de todas as igrejas que completaram três ou mais Perfis DNI aumentou em 51 por cento.

No entanto, ainda estamos longe de onde deveríamos estar. Levou um quarto de século para chegarmos onde estamos agora. E podemos precisar de outro quarto de século para ver o DNI como um procedimento geralmente aceito (e seguido!) em uma crítica massa de igrejas ao redor do globo.

Sonhando com coisas que nunca existiram

O escárnio inicial chegou ao fim? Nem um pouco. Em cada fase decisiva do avanço do Desenvolvimento Natural da Igreja, ele iniciava novamente, cada vez com os mesmos argumentos. Isso pode ser doloroso, mas deve ser visto como normal. Você não pode esperar que os outros vejam sua imagem da catedral com a mesma clareza. O que você pode fazer é ajudá-los a entender, passo a passo, que é realmente uma catedral que estamos prestes a construir, e apreciar as partes da catedral que já estão no lugar.

Pessoas visionárias podem se identificar com George Bernard Shaw, que uma vez disse: "Eu sou um sonhador. Alguns homens veem as coisas como elas são, e perguntam por que; eu sonho com coisas que nunca existiram e pergunto: Por que não?"

Mais na web:

Em 3colorsofleadership.org você vai encontrar respostas para as seguintes questões:

- *Como posso utilizar a Bússola Trinitária para lançar uma visão?*
- *Quando se trata das duas asas de visão, há uma diferença entre igrejas e organizações seculares?*

As duas asas da experimentação

À s vezes as pessoas me perguntam: "Quais têm sido seus maiores erros?" e "O que você faria diferente hoje se tivesse a chance de começar tudo de novo?" Inicialmente, essas questões parecem ser mais simples do que realmente são. Com o conhecimento que tenho agora, eu faria quase tudo diferente se tivesse a chance de começar tudo de novo. Tenho aprendido muito desde então, e sou uma pessoa diferente do que era, digamos, há 25 anos.

No entanto, o que provocou essas mudanças em mim? Em grande parte, tem sido a disposição de cometer erros e aprender a partir deles. Aproximando-se dessa perspectiva, pode-se dizer que fiz a maior parte das coisas certas. Em cada momento, fiz o que era possível e necessário fazer, porque refletia o melhor do meu conhecimento na época. Em retrospecto, muitas coisas acabaram sendo erros, e aprender com eles me permitiu seguir em frente para o próximo nível de conhecimento.

Uma vez que só podemos aprender através da experimentação – e experimentação, por definição, requer a disposição para cometer erros – a única maneira de criar um ambiente de aprendizagem é nutrir uma disposição para cometer erros. Cada fracasso é uma oportunidade para aprender.

O alfaiate de Ulm

Muitas pessoas têm medo de experimentar o fracasso porque temem se tornar vítimas de zombaria. No início do século 19, havia um alfaiate que morava na cidade de Ulm, no sul da Alemanha. Sua história ainda é conhecida por todos os alemães. Todo mundo ri quando pensa nele. Na língua alemã, "alfaiate de Ulm" tornou-se sinônimo de uma figura ridícula.

Qual é a sua história? O alfaiate de Ulm gostava de experimentar. Décadas antes de os irmãos Wright fazerem seu primeiro voo de 120 metros, ele inventou sua própria máquina voadora. Quando tentou cruzar o Rio Danúbio, ele colidiu e caiu na água, com os sons de risos sem fim da população de Ulm – splash! Minha convicção é de que não deveríamos rir do alfaiate de Ulm, mas da atitude de espectador evitando riscos do povo de Ulm. O alfaiate corajosamente se esforçou para realizar seu sonho. Claro, ele não conseguiu, mas pelo menos tentou. Isso, por si só, exige respeito.

O segredo das pessoas muito bem-sucedidas

Considere os seguintes exemplos de pessoas muito bem-sucedidas. Todas elas experimentaram um "splash" em suas vidas, e mais de uma vez:

- *Thomas Edison* sonhava com uma lâmpada elétrica por muitos anos. Depois de vários milhares de experiências fracassadas, perguntaram a ele: "Sr. Edison, como é a sensação de ter cometido tantos erros?" Ele respondeu: "Por que você os chama de erros? Descobri milhares de maneiras pelas quais a lâmpada não funciona", e acrescentou: "Toda tentativa fracassada descartada é outro passo à frente".

- *Abraham Lincoln* faliu pela primeira vez com 31 anos. Aos 32 anos ele perdeu sua primeira eleição. Aos 34 anos, conseguiu perder seu emprego – novamente. Aos 36 anos teve um colapso nervoso. Aos 43, 46 e 48, perdeu as eleições para o Congresso. Aos 55 anos não foi eleito senador. Aos 56 anos, perdeu a eleição para vice-presidente. Aos 58, mais uma vez, não foi eleito senador. Aos 60 anos, tornou-se presidente dos Estados Unidos – e ainda é considerado um dos maiores.

- *Wernher von Braun*, um dos cientistas mais importantes do século passado, deveria desenvolver o foguete para os americanos. Depois de ter feito experiências por um tempo, seus superiores o confrontaram com os seus erros: "Você já cometeu 65.121 erros, quantos mais pretende cometer?" Braun respondeu: "Acho que mais 5.000". E explicou: "Você precisa de 65.000 erros para se tornar qualificado para construir um foguete. Até agora, os russos só cometeram 30.000 erros. Comparado a eles, estamos bem na corrida".

Ao ler essas histórias é preciso lembrar que não são histórias engraçadas destinadas a nos fazer rir, mas exemplos típicos de como as pessoas se tornam muito bem-sucedidas. Essas histórias revelam seus registros de falhas intermináveis. Ou, deveríamos dizer, revelam o segredo para seu sucesso?

As falhas de Donald McGavran

Um dos meus heróis pessoais é Donald A. McGavran, o pai do movimento de crescimento da igreja moderna. Em uma história sobre McGavran, a revista *Christianity Today* escreveu que, na área de missões mundiais, ele foi "Provavelmente a personalidade mais influente na segunda metade do século 20". Não conheço muitas pessoas sobre as quais algo como isso poderia ser dito. O que muitas pessoas não conseguem entender, no entanto, é isso: quando o artigo foi publicado, McGavran tinha quase 90 anos de idade, e a maioria desses anos foi caracterizada por uma cadeia interminável de derrotas amargas. Como eu sei? Ele me contou.

Na década de 1930 ele decidiu plantar igrejas entre os analfabetos na Índia. "Eu tentei ganhar os intocáveis para Cristo", disse ele. "Não acreditava nas agências missionárias que haviam se conformado com a desculpa de que a Índia é um solo muito difícil para o evangelismo. A primeira tentativa em que investi vários anos, falhou. A segunda, a terceira e a quarta tentativas também falharam. Trabalhei um quinto método, no qual investi vários anos, e ele falhou. O mesmo aconteceu com o sexto. Apenas o sétimo método levou ao sucesso." Levou 17 anos para ele chegar a essa descoberta.

A série de falhas continuou. Em 1961 McGavran, naquela época com 63 anos, fundou o primeiro instituto de crescimento de igreja do mundo em uma faculdade desconhecida. Seu instituto? Uma mesa de carvalho grande e oval e algumas cadeiras. Essa mobília era o escritório, a sala de aula, a biblioteca e sala de seminário, tudo ao mesmo tempo. Ele começou com um aluno. Depois de quatro anos – naquela época o professor tinha 67 anos – havia doze.

A popularidade de suas teses, para usar uma expressão suave, ficou no limite. Aos 67 anos, ele teve que renunciar por causa das regras do colégio. Mas, em vez de se aposentar, o idoso se mudou, juntamente com sua mesa de carvalho, para outro lugar: Seminário Teológico Fuller, em Pasadena, Califórnia. Lá ele fundou a Escola de Missão Mundial e tornou-se seu primeiro reitor. Mas mesmo ali o interesse em suas ideias estava no limite. Quando, na década de setenta, ele organizou o primeiro grande seminário de crescimento de igrejas para pastores americanos, foi-lhe dito: "Lá fora, no terceiro mundo, seus conceitos podem funcionar, mas certamente não aqui, na América. Dr. McGavran, a América é diferente".

Cerca de dez anos mais tarde – depois de muitas das igrejas americanas terem adotado suas ideias – toda a história se repetiu na Europa, e eu estava entre aqueles que disseram: "Nos Estados Unidos isso pode funcionar, mas não aqui, na Alemanha. Dr. McGavran, a Alemanha é diferente".

O segredo de permanecer jovem

Posso me lembrar muito bem da minha última visita ao dr. McGavran em sua casa, apenas poucos meses antes de ele morrer. Eu tinha vindo aprender, e um professor de 91 anos de idade me bombardeou com perguntas. Ele não queria ensinar, queria aprender, mesmo aos 91. "Que progresso você está tendo na Alemanha? Que métodos você aplica? Você tem novos resultados de pesquisa? Existe alguma literatura que eu não conheço ainda?" E ele tomou tempo para discutir os estudos iniciais que, anos mais tarde, levaram à formação do Desenvolvimento Natural da Igreja.

Naquela época, o corpo dele já estava marcado pelo câncer, ele estava quase cego e tinha uma voz quebrada, e, ainda assim, pareceu jovem para mim. O que o fazia parecer tão jovem? Era sua atitude de constante aprendizado, experimentação, cometer erros, admitir seus erros e questionar suas próprias ideias favoritas. Sempre que os olhos amigáveis daquele professor pequeno e careca olhavam para mim através de seus óculos sem aro, eu tinha a impressão de que esta abordagem à vida tinha sido esculpida em seu rosto, fazendo-o parecer incrivelmente jovem, apesar de todas as suas rugas.

Durante a maior parte de sua vida, a experiência de Donald McGavran era a mesma do alfaiate de Ulm – incluindo o riso das pessoas. O fato de McGavran, quase no fim de sua vida, finalmente ter conseguido colocar sua "máquina voadora" no ar, não é a questão. A questão é que ele teve uma atitude continuamente corajosa, disposto a cometer erros – e aprender com eles.

A necessidade de honrar falhas

A cada ano, a cidade de Zurique, na Suíça, concede um prêmio para o mais bem-sucedido negócio de startup, como várias cidades provavelmente o fazem. O que torna a cerimônia em Zurique tão especial, porém, é que o segundo prêmio é concedido a um negócio de startup malsucedido, em honra à sua coragem de assumir riscos.

O processo de seleção para esse prêmio é baseado em fatos sólidos. Em média, apenas 45 por cento das novas iniciativas empresariais *não* falham nos primeiros cinco anos (você pode encontrar estimativas muito mais dramáticas na web, mas que eu saiba elas não têm substância empírica). Se a taxa de falha em projetos pioneiros fosse inferior a 50 por cento, eu questionaria se as pessoas envolvidas tinham sido suficientemente corajosas para assumir riscos. Muito provavelmente elas perderam muitas oportunidades por medo de lançar sua sorte, como o alfaiate de Ulm. Quantas igrejas nunca foram plantadas, quantas ideias criativas nunca foram postas em prática, quantas pessoas com fome nunca foram alimentadas e quantas pessoas nunca foram ganhas para Cristo apenas por medo de correr riscos? Após uma maior reflexão, uma mentalidade de *prevenção* de risco parece muito *arriscada* para mim para ser atraente.

Em sua análise das empresas americanas mais bem lideradas, os consultores de gestão Tom Peters e Robert Waterman descobriram que empresas de sucesso conseguem criar um clima em que as pessoas são encorajadas a cometer erros e aprender com eles. Seu melhor exemplo é tirado de uma empresa de alimentos congelados que tinha uma definição precisa para o que qualificou como um "fracasso perfeito", e sempre que um ocorria, eles disparavam um canhão para comemorar.

Os autores escrevem: "O conceito de falha perfeita surge a partir do simples reconhecimento de que toda pesquisa e desenvolvimento são, inerentemente, arriscados, que a única maneira de ter sucesso em tudo é através de muitas tentativas, que o principal objetivo da administração deve ser o de induzir muitas tentativas, e que uma boa tentativa, que resulta em algum aprendizado, deve ser celebrada mesmo quando falhar".

O risco e o cristianismo

O que poderia significar essa visão para a igreja? Certamente não estou sugerindo que devamos tocar os sinos da igreja toda vez que um membro da igreja enfrenta uma falha perfeita. Mas deveríamos pelo menos honrar continuamente – e publicamente – as pessoas que investiram em um empreendimento arriscado e falharam.

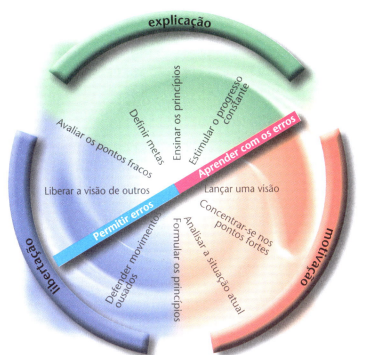

As duas asas de experimentação dentro da Bússola Trinitária: **Permitir erros** *como uma expressão da asa da capacitação (ciano);* **aprender com os erros** *como uma expressão da asa da liderança (magenta).*

Sempre que incentivo as igrejas a criarem um ambiente de risco amistoso, sou confrontado com o clamor que tal sugestão é "irresponsável". Dentro do cristianismo existe uma atitude generalizada que tem mais em comum com o povo de Ulm do que com o alfaiate de Ulm. Como cristãos, estamos autorizados a cometer erros. Nós não temos apenas permissão, mas *devemos*. Sem disposição para experimentar falhas não haverá criatividade, nenhum progresso – e nenhum sucesso.

Você pode cometer o mesmo erro – uma ou duas vezes

No entanto, um ambiente amigável de risco é apenas um lado da moeda. Dê uma olhada no diagrama acima. As duas asas da experimentação são:

- *Permitir erros* (barra ciano), e
- *Aprender com os erros* (barra magenta).

A questão não é alcançar o equilíbrio entre os polos *superficialmente* permitindo erros, enquanto *superficialmente* aprende com os erros. A questão é ser *radical* no encorajamento de erros e, ao mesmo tempo, ser *radical* na exigência de que as lições sejam aprendidas a partir deles.

Na minha própria área de responsabilidade, tenho estabelecido a seguinte regra: *você está autorizado a cometer o mesmo erro – uma ou duas vezes*. A primeira vez que as pessoas cometem um erro, eu as felicito (e ao mesmo tempo, trabalho duro com elas para descobrir como podem melhorar). A segunda vez que cometem o mesmo erro, meu olhar é muito menos amigável e comunica claramente: "Nunca mais". Na terceira vez, fico realmente irritado e consideramos sérias medidas que, dependendo do contexto, podem variar de penalidades de vários tipos à completa descontinuidade de nossa relação de trabalho.

Estou convencido de que podemos melhor facilitar um ambiente criativo em que o progresso constante ocorra da seguinte forma:

- sendo *supertolerantes* com as falhas,
- e sendo *superexigentes* em aprender com elas.

E, finalmente, sendo *superconsistentes* em ambas as áreas.

Erros institucionalizados

Na minha experiência, muitas igrejas tomam o caminho inverso: elas não incentivam a vontade de cometer erros. Falhas nunca são honradas. Correr riscos não é visto como uma virtude cristã desejável. Em outras palavras, essas igrejas são *superexigentes* em sua tentativa de *evitar* erros.

No entanto, em uma observação mais atenta dessas igrejas é possível detectar inúmeros erros (o que não é de se admirar, uma vez que o processo de ensino acima descrito nunca se enraizou). De repente, as mesmas igrejas que tão rigidamente evitam correr riscos, a fim de evitar erros se tornam *supertolerantes* para com todos os tipos de erros evitáveis. As pessoas estão autorizadas a cometer os mesmos erros não só uma ou duas vezes, mas três, ou dez, ou cem vezes. Estes erros são desculpados ("Ninguém é perfeito") ou, uma vez que o processo tem continuado por muito tempo, defendidos, redefinindo-os como o curso de ação aceito. Como resultado, os procedimentos mais disfuncionais acabam sendo promovidos com vigor quase fundamentalista.

No meu ministério, tenho que lidar com inúmeras igrejas que consideram "tradições" o que nada mais é do que "erros institucionalizados." Erros institucionalizados inevitavelmente levam a falhas institucionalizadas. Se os erros não são mais vistos como erros, você pode ter certeza de que o progresso chegou a um impasse. Albert Einstein definiu "insanidade" como "fazer a mesma coisa dia após dia e esperar resultados diferentes". Como um consultor de igreja, certamente eu não chamaria qualquer procedimento que eu detecto nas igrejas de "insano". Mas às vezes não há mal algum em citar um gênio conhecido como Einstein.

Aprender com os erros

Em muitas configurações de igreja, as pessoas não recebem qualquer tipo de feedback de crescimento orientado. Nos últimos três anos, o guitarrista de apoio tem esquecido repetidamente de sintonizar sua guitarra antes do início do culto – e este hábito continua. Três anos atrás, a líder de um grupo de estudo bíblico não tinha a menor ideia de como incentivar o compartilhamento do grupo – e ainda não tem ideia. Há três semanas, o microfone na igreja não funcionou, e ainda não funciona.

O problema é que essas pessoas, em muitos casos, nunca recebem um feedback negativo. "A propósito Ben, você poderia afinar sua guitarra antes do próximo culto? Todos nós apreciaríamos". E no caso de Ben esquecer de novo – e ele *vai* esquecer – deve ser lembrado novamente. Depois de um tempo, Ben vai aprender a afinar sua guitarra. E uma vez que ele tenha sido bem-sucedido nessa área, você pode passar para o próximo nível e perguntar-lhe se ele estaria disposto a ampliar seu repertório em seis títulos e, assim, dobrá-lo.

O fato de que Monica não sabe como incluir os outros no tempo de compartilhar, não é uma catástrofe, desde que isso possa ser dirigido e tudo seja feito para melhorar a situação. "Ouça, Monica, eu tenho um livro ótimo sobre pequenos grupos. Já que você dirige esse ministério semana após semana – e você sabe o quanto todos nós apreciamos – você deveria mesmo lê-lo. Talvez pudéssemos até mesmo estudá-lo juntos. O que você acha?"

E, mesmo a falta do microfone não é uma catástrofe, contanto que isso só aconteça uma ou, no máximo, duas vezes. Cada falha é uma lição do que não se deve repetir. Mas se esse processo de aprendizagem nunca acontecer, nós realmente estaremos diante de uma catástrofe.

O perigo dos elogios

Em muitos grupos cristãos, essas situações não são abordadas. Existe uma cultura estranha, que não permite um feedback negativo, mas exclusivamente afirmação e louvor. Como resultado, Ben é elogiado, semana após semana, pela sua incrível guitarra (e, assim, confirmado nela), Monica é elogiada por seu estilo de liderança monopolizador (que se tornará ainda mais monopolizador como resultado) e os responsáveis pelo som na igreja são elogiados por seu "trabalho sacrificial" (que só contribui para o sacrifício contínuo do ouvido das pessoas na congregação). Esse tipo de louvor não é apenas falso, mas também destrutivo. Isso resulta em tudo permanecer o mesmo, ou até mesmo piorar.

Elogios são maravilhosos, mas eles devem ser dados refletidamente. O exagero de elogios é uma tendência bastante perigosa em muitas igrejas. Depois de um tempo, ninguém leva a sério. Eles simplesmente tornam-se um ritual vazio. Em seu excelente livro *O desafio de aprender ao longo da vida* (Porto Alegre: Artmed, 2005), Guy Claxton relata uma pesquisa entre crianças de escola. Seu resumo: "As crianças cujos desenhos e pinturas foram regularmente elogiados por um professor começaram a produzir trabalhos que eram cada vez mais convencionais e banais". Se quisermos desenvolver a criatividade, devemos usar os elogios com sabedoria, em vez de rebaixá-los a um ritual sem sentido.

A armadilha de uma mentalidade de desempenho

Um dos principais obstáculos para as duas asas da experimentação é uma mentalidade de desempenho conforme descrito na página 18. Em vez de estar pronto para cometer erros e aprender com eles, o principal objetivo de muitas pessoas é dar uma boa impressão. No entanto, tal atitude marca o fim de qualquer processo de aprendizagem merecedor do nome.

É uma tragédia que, em algumas escolas e seminários, tal atitude seja até incentivada. Nesses contextos, o objetivo geralmente aceito é dar uma boa impressão para mostrar aos outros como se é inteligente. De uma forma geral, as pessoas evitam admitir: "Eu não entendo este ponto", "O que isso quer dizer?", "Você poderia me explicar isso mais uma vez, por favor?" Nenhuma destas perguntas é estúpida, mas claramente indica que a pessoa está levando a sério o processo de aprendizagem. A razão pela qual muitas pessoas não ousam fazer perguntas como essas é o medo de parecer ignorante. Elas preferem fazer perguntas que não são realmente perguntas, mas pretendem exclusivamente mostrar ao professor o quanto são espertas.

Experiências de "splash" inesperado

Quando faço seminários, não há nada que eu goste menos do que esse tipo de perguntas. Quando eu as ouço, logo sinto que são questões desprovidas de sentido existencial para o inquiridor. Eles estão apenas perguntando para impressionar a mim ou aos outros, e para provar o quão inteligentes são. Em tais situações eu geralmente pergunto de volta: "Por que você precisa saber isso? Como iria mudar sua vida, se a resposta fosse isso ou aquilo?" Pode ser divertido ver quantas palavras as pessoas educadas podem empregar a fim de evitar admitir que não sabem responder às minhas perguntas – ou só podem dar a resposta que estão se esforçando para evitar a todo o custo: "Eu perguntei isso a fim de demonstrar a todos vocês que cara inteligente eu sou".

Mais na web:

Em 3colorsofleadership.org você vai encontrar respostas para as seguintes questões:

- *Quais são algumas maneiras práticas para facilitar um espírito de experimentação?*

- *Existem erros que devem ser evitados a todo o custo?*

O que eu gosto muito sobre o alfaiate de Ulm é que ele desistiu de todos os temores de desempenho ("O que o povo de Ulm pensa sobre mim?"). Às vezes, quando sou confrontado em seminários com perguntas que-cara-inteligente-eu-sou, conto a história do alfaiate de Ulm que termina com o famoso, dramático "splash". Minha esperança é que eu possa ser capaz de ajudar as pessoas a fazerem essas perguntas para experimentar seu "splash" público. "Splashes" nos ajudam a crescer e algumas pessoas precisam de tais experiências ainda mais do que outras.

As duas asas da capacidade

Há um rumor generalizado de que o Desenvolvimento Natural da Igreja ensina que devemos sempre focar em nossos pontos fracos. Isso é mais provável devido à "estratégia do fator mínimo", que faz parte do processo do DNI (veja página 48). Repetidamente, tenho ouvido pessoas dizerem: "Você está errado, o oposto é verdadeiro. Devemos sempre focar em nossos pontos fortes".

Isso chama a atenção para duas questões: primeiro, o DNI realmente nos ensina a sempre nos concentrarmos em nossos pontos fracos? E segundo, está correta a abordagem de sempre nos concentrarmos em nossos pontos fortes? A resposta a ambas as perguntas é um claro "não". Dê uma olhada no diagrama da página 69. As duas asas da capacidade são:

- *Concentrar-se nos pontos fortes* (barra magenta), e
- *Avaliar os pontos fracos* (barra ciano).

Fator mínimo ou máximo?

Às vezes, devemos nos concentrar em nossos pontos fortes; às vezes precisamos enfrentar as nossas fraquezas. Isso realmente depende do tema em consideração e da situação individual. A regra geral, tal como "sempre se concentrar em seus pontos fortes" ou "sempre se concentrar em seus pontos fracos" simplifica bastante as coisas. Sem dúvida, se pudéssemos escolher só uma dessas duas alternativas, seria mais saudável nos concentrarmos em nossos pontos fortes do que em nossas fraquezas. Felizmente não temos que nos limitar a apenas uma dessas duas alternativas.

Aqueles de vocês que estão familiarizados com as ferramentas do DNI saberão que algumas delas têm uma abordagem de fator máximo (foco nos pontos fortes), algumas têm uma abordagem de fator mínimo (foco nos pontos fracos), e outras utilizam uma combinação de ambas.

- *O Perfil DNI* (que testa as oito marcas de qualidade de igrejas saudáveis) tem tanto uma abordagem de fator **máximo** quanto **mínimo**. Seu foco é ajudar as igrejas a usarem seus maiores pontos fortes (fatores máximo) para melhorar a qualidade de suas maiores fraquezas (fator mínimo).

- *As 3 cores dos seus dons* (que nos ajuda a identificar e usar nossos dons espirituais) tem uma abordagem de fator **máximo**. Ele orienta os cristãos através do processo de descoberta de seus dons espirituais para que possam ministrar na área de seus maiores pontos fortes.

- *As 3 cores do amor* (que identifica, entre outras coisas, o fruto do Espírito na vida de um cristão) tem uma abordagem de fator **mínimo**. Quando se trata do fruto do Espírito (Gl 5.22) é necessário abordar o aspecto menos desenvolvido.

- *As 3 cores da sua espiritualidade* (que trata de nove diferentes estilos espirituais) tem tanto uma abordagem de fator **máximo** quanto **mínimo**. No Nível A (identificando o nosso estilo espiritual natural), ele tem uma abordagem de fator máximo; e no nível B (aprendendo com os outros estilos), ele usa uma abordagem de fator mínimo.
- *As 3 cores da comunidade* (que identifica sete energias residentes em cada cristão que podem ser usadas tanto para construir o Reino de Deus quanto para cometer pecado) é baseado em uma abordagem de fator **máximo**. Devemos construtivamente colocar em jogo as nossas energias mais fortemente desenvolvidas.
- Este livro, *As 3 cores da liderança*, tem tanto uma abordagem de fator **máximo** quanto **mínimo**. Líderes emergentes, que estão incertos quanto a se Deus os quer ou não para ministrar em uma posição de liderança, são incentivados a reforçar seus maiores pontos fortes. Líderes estabelecidos, que já estão relativamente seguros em sua prática de liderança, devem se concentrar em seu fator menos desenvolvido a fim de avançar para o próximo nível de liderança.

Dons e frutos como exemplos

Vamos dar o ensino bíblico sobre os dons espirituais e sobre o fruto do Espírito como exemplos. Na área dos dons espirituais, o ensino do Novo Testamento é claramente uma abordagem de fator máximo. Se você tem os dons de evangelismo, misericórdia e fé, e seu dom menos desenvolvido é organização, definitivamente, não deve investir sua energia no trabalho de organização, mas em atividades que exijam seus dons de evangelismo, misericórdia e fé. De acordo com o Novo Testamento, essa é a forma como o corpo de Cristo deve funcionar. Na área dos dons espirituais, a cada cristão é permitido, e até mesmo esperado, que seja única e exclusivamente focado em seus pontos fortes, a fim de que o corpo de Cristo, como um todo, esteja em equilíbrio.

Quando se trata do fruto do Espírito (os oito aspectos do amor: alegria, paz, paciência, amabilidade, bondade, fidelidade, mansidão e domínio próprio), uma abordagem diferente tem que ser tomada. Quando fiz o *Teste do Fruto do Espírito* de *As 3 cores do amor*, o fruto com a maior pontuação foi "alegria", meus frutos menos desenvolvidos foram "domínio próprio" e "paciência".

Será que isso significa que eu deveria proclamar "Vamos deixar que a alegria reine em mim, e que os outros se preocupem com domínio próprio e paciência"? Isso seria francamente desastroso – tanto para mim quanto para as pessoas ao meu redor. Não! Eu preciso resolver meus dois "frutos mínimos" (domínio próprio e paciência), em particular. Nos últimos anos, tenho feito exatamente isso e posso ver pelos meus resultados do teste – e pelo que os outros me dizem – que tenho feito progressos consideráveis. Isso é o que Deus exige de mim para crescer no amor. Devido a ter aplicado

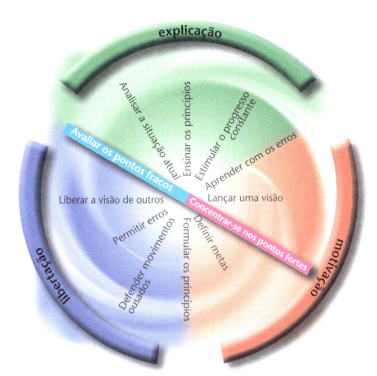

As duas asas da capacidade dentro da Bússola Trinitária: **Concentrar-se nos pontos fortes** *como uma expressão da asa da liderança (magenta);* **avaliar os pontos fracos** *como uma expressão da asa da capacitação (ciano).*

uma abordagem de fator mínimo, hoje sou mais amoroso do que eu costumava ser há alguns anos.

A Escola Animal

Antes de podermos abordar nossos pontos fracos, temos que aprender a viver em harmonia com os nossos pontos fortes. No Desenvolvimento Natural da Igreja, chamamos isso de "ministérios orientados pelos dons". Nos últimos 25 anos, coletei inúmeros exemplos de como esse princípio fundamental tem sido violado por igrejas e organizações fora da igreja. Ao mesmo tempo, aprendi como muitos grupos são sensíveis quando se coloca em dúvida anos – e, às vezes, até mesmo décadas – de trabalho que foram moldados por uma abordagem completamente diferente.

Em muitas situações, não funciona criticar esses grupos diretamente por uma prática que se tornou tão familiar para eles que a consideram a coisa mais normal (e, às vezes, até mesmo mais espiritual) no mundo. Nessas situações, gosto de contar a história da Escola Animal, deixando para o público descobrir os paralelos em sua própria prática. A história é a seguinte:

Era uma vez, um grupo de animais que se reuniu e disse: "Vamos começar uma escola". E eles fizeram o que os animais costumam fazer quando consideram abrir escolas: nomeou uma comissão de peritos – um peixe, um pássaro, um coelho e um esquilo – para elaborar um currículo.

Quando a comissão se reuniu, o peixe argumentou que a natação era a matéria mais importante. O pássaro insistiu que o voo era a habilidade mais fundamental para aprender. E o esquilo declarou que era de extrema importância que a Escola Animal tivesse uma turma de "escalada de árvores". Como parte de seu desenvolvimento curricular, eles decidiram que cada matéria seria obrigatória para todos os animais inscritos na escola.

O resultado foi o seguinte: do coelho, que era campeão do mundo em corrida – nenhum outro animal era tão rápido quanto ele – esperava-se que aprendesse a voar como um pássaro. Os especialistas o colocaram em um galho de árvore e disseram: "Voe, coelho".

O pobre animal deu um salto corajoso da árvore e foi bater no chão, quebrando as quatro pernas e sofrendo uma concussão que resultou em um dano cerebral permanente. A partir daquele momento, ele não pode mais correr direito. Como resultado, em corrida, ele conseguiu somente um 4, em vez de um 10. No entanto, ele recebeu um 6 no voo em vez de um 0, porque tinha voado por alguns breves momentos. Nossos especialistas estavam mais do que satisfeitos.

O pássaro era campeão do mundo em voar. No entanto, o currículo exigiu que ele aprendesse a cavar buracos no chão, como um coelho. Ele deu o seu melhor e, ao fazê-lo, quebrou seu bico, suas asas e seus pés. Ele não conseguia mais voar e conseguiu um 6 em vez de um 10 em voo. Mas, cavando buracos, ele recebeu pelo menos um 6 por seu esforço.

Essa história se repetiu para todos os outros animais. E você sabe quem finalmente se graduou? Uma água-viva sem cérebro que, em sua forma balançante, cambaleante, pôde cumprir todas as exigências, pelo menos até certo ponto. Quando ela pulou da árvore, não poderia quebrar todos os ossos, porque não tinha nenhum. E não poderia sofrer danos no cérebro, porque não tinha cérebro. Assim, a água-viva foi orgulhosamente nomeada "Vencedora da classe".

Existem paralelos?

Se eu contar essa história para líderes da igreja ou para pessoas de negócios, muitos deles reconhecerão imediatamente paralelos com sua própria situação. Tenho encontrado situações em que as pessoas têm se esforçado pela vida com ossos quebrados, asas danificadas e, às vezes, até com "cérebro espiritual danificado" apenas porque foram no caminho – muitas vezes com grande empenho – do coelho e do pássaro.

Em tais situações, eu gosto de mostrar a ilustração da Escola de Animais (figura à esquerda) por um longo tempo, porque demonstra claramente que há algo fundamentalmente errado nessa escola. Mais tarde, quando discutirmos as realidades de uma igreja específica ou organização fora da igreja, poderemos explorar os elementos que se assemelham à prática da Escola Animal, e os que não. A lição que podemos aprender com a Escola Animal é esta: criar um ambiente em que as aves possam voar, os coelhos possam correr e os peixes possam nadar. Em outras palavras, criar um ambiente no qual as pessoas com o dom de ensinar possam ensinar, as pessoas com o dom de aconselhamento possam aconselhar e pessoas com o dom da organização possam organizar.

A expectativa de que todos devem fazer tudo não é apenas contrário ao ensinamento do Novo Testamento sobre o corpo de Cristo, mas também leva inevitavelmente à mediocridade em todas as áreas. Assim como o coelho voador é um coelho ineficaz, o evangelista organizador (que não tem o dom da organização) é um evangelista ineficaz.

O porco que produz ovos, lã e leite

Para explicar essa dinâmica, gosto de usar a imagem do "porco que produz ovos, lã e leite". Com isso quero dizer um porco que põe ovos, fornece lã e produz leite, tudo ao mesmo tempo. Provavelmente não é um português muito elegante cunhar uma palavra apenas por hifenização de três substantivos diferentes, mas esta é a forma como a minha língua nativa, o alemão, funciona. Você pode criar qualquer nome que se possa imaginar apenas colando dois, quatro ou, teoricamente, vinte e cinco substantivos juntos. Em outras palavras, a partir de um ponto de vista gramatical, uma produção de ovos-lã-leite, em alemão, não seria marcada como incorreto por qualquer professor escolar.

No entanto, nem tudo o que é gramaticalmente possível é também uma possibilidade da vida real. O porco que produz ovos-lã-leite simplesmente não existe. Deus nunca criou tal monstro, e eu espero, sinceramente, que a engenharia genética nunca nos induza a tentar fazer um (ela provavelmente o fará, pois a mente humana tende a admirar os porcos que produzem ovo-lã-leite muito mais do que o ideal bíblico do corpo de Cristo, com seus diferentes membros).

Lembro-me de tentar falar sobre o porco que produz ovo-lã-leite em uma conferência na Dinamarca. No entanto, meu intérprete recusou-se a traduzi-lo para o dinamarquês. Ele disse: "O nosso idioma é bonito demais para permitir uma palavra-monstro como essa". Já que eu dependia daquele imaginário para o meu ensino, fiquei muito feliz quando um dos participantes, um pastor norueguês e cartunista talentoso, espontaneamente desenhou a imagem à direita. Ele retratou, sem nenhuma necessidade de criar uma expressão-monstro, o que é um porco

Um porco que produz ovos, lã e leite!

que produz ovos, lã e leite. Assim que as pessoas viram esse desenho, começaram a rir – e entender. Um pastor me disse: "Isso é exatamente o que minha igreja espera que eu seja".

Em um desenho, o porco que produz ovos, lã e leite pode parecer impressionante com sua capacidade de realizar tarefas tão diversas ao mesmo tempo. No entanto, qualquer tentativa real de imitar esse modelo leva inevitavelmente a um resultado oposto. Não seremos bons em postura de ovos, ou produzindo lã, ou na produção de leite. A tentativa de seguir o modelo do porco ovos, lã e leite é uma receita para a mediocridade.

Há boas razões para que Deus tenha atribuído a tarefa de colocar ovos para galinhas; fazer lã, para as ovelhas; e a produção de leite, para as vacas. A tentativa de anular essa dinâmica, de modo algum produz superstars todo-poderosos, mas leva a graves danos cerebrais, como aprendemos com a Escola Animal.

Faça apenas algumas coisas, mas faça-as bem

Em vez de tentar executar inúmeras tarefas de uma forma medíocre, o segredo é se concentrar em algumas coisas e fazê-las perfeitamente. Esse princípio se aplica não só a você como líder, mas também às pessoas que você se esforça para capacitar. Uma de suas tarefas mais importantes é ajudar essas pessoas a ministrarem de acordo com seus dons – e libertá-los das tarefas que não correspondem à sua mistura única de dons. Muitas igrejas fazem o oposto:

- Em primeiro lugar, encorajam as pessoas **a fazerem muitas coisas**, quer esteja de acordo com seus dons, quer não. A Escola Animal (e não a imagem do Novo Testamento do corpo de Cristo) definitivamente serve como o esquema oculto.

- Em segundo lugar, quando todos veem os resultados inevitavelmente medíocres desse esquema (coelhos voando, ou melhor, caindo das árvores), a resposta compensatória é: "**Não importa se você fizer bem feito**. É a sua atitude que conta".

Mesmo que muitos cristãos tenham passado a ver isso como uma abordagem espiritual para o ministério (interpretando a "confusão espiral" irradiando do coelho no desenho da página 70 como um halo), deve estar perfeitamente claro que este é o *exato oposto* do ensino do Novo Testamento. Portanto, não é surpreendente que ele produza o exato oposto dos resultados do Novo Testamento.

Reconhecendo os próprios pontos fracos

Partindo da base de viver de acordo com seus pontos fortes, você pode reconhecer suas limitações. O pássaro que voa melhor do que qualquer outro animal pode, possivelmente, se dar ao luxo de admitir que não é bom em cavar buracos, e o coelho que corre melhor do que qualquer outro animal, não deve ter dificuldade em reconhecer que o voo não é uma de suas habilidades. Na maioria dos casos, a incapacidade para revelar possíveis limitações está enraizada em um sentimento de insegurança que tem sua origem no desconhecimento de seus pontos fortes.

Claro, existem pontos fracos que devemos nos esforçar para superar (tais como falhas de caráter). E há outros pontos fracos que não podemos superar (como dons que não temos). Devemos, no entanto, nos esforçar para compensá-los (por exemplo, ao permitir que outros sejam fortes nas áreas em que somos fracos). O ponto de partida dos ministérios orientados pelos dons é criar um clima em que possamos falar francamente sobre nossos dons existentes e inexistentes, sobre os pontos fortes e fracos, sobre coisas que sabemos e coisas que não sabemos.

A magia do "eu não sei"

Nessa área, tenho aprendido muito com John Wimber, o fundador do movimento Vineyard, que, no início dos anos 80, tornou--se famoso pelos "sinais e maravilhas" que tiveram lugar em seu ministério. A igreja de Wimber em Anaheim, Califórnia, tornou-se um local de peregrinação para dezenas de milhares de cristãos, e muitos deles tentaram empurrá-lo para o modelo de um guru cristão. Eles estavam à procura de seu conselho em todas as formas imagináveis e esperava-se que ele, como um homem ungido de Deus, tivesse que dar respostas.

Fiquei impressionado com um encontro com John, em que o confrontei com o fato de ele não ter experimentado uma única cura ao longo dos primeiros dez meses do seu ministério de cura. Eu queria saber como ele explicava esse fato, e esperava que ele, como uma autoridade nesta área – os jornais o chamavam de "sr. Sinais e Maravilhas" – desse alguma resposta bem pensada.

No entanto, a resposta que o sr. Sinais e Maravilhas forneceu foi um encolher de ombros, e as palavras: "Eu não sei".

Pensei que ele estivesse brincando com alguma alegada ignorância, por isso, mantive a pressão dizendo algumas palavras-chave que lhe permitissem expressar seus pensamentos.

"Certamente você já pensou muito sobre isso", eu disse.

"Sim, pensei", respondeu ele. "Mas tenho que admitir, não encontrei uma resposta para isso."

Eu ainda não o liberei: "Talvez você tenha algumas especulações?"

"Não. Eu não conseguia dormir à noite, orei dia e noite, fiquei de joelhos, li o que poderia encontrar sobre o assunto. Mas não pude encontrar a resposta a esta questão."

Pouco tempo depois, vi John Wimber em um programa de TV, onde ele foi bombardeado com uma variedade de perguntas.

Durante os 10 minutos de entrevista eu contei "Eu não sei" sete vezes. Pensei: "Certamente não teria sido muito complicado para ele apresentar algumas teorias que tenha ouvido ou lido". Mas ele deve ter tido boas razões para ficar tão teimosamente em seu "eu não sei" – ele simplesmente reflete a verdade.

Eu considero este homem ignorante como resultado? Pelo contrário. A capacidade de distinguir entre as perguntas para as quais nós podemos fornecer uma resposta, e aquelas para as quais não temos nenhuma, é um dos mais seguros indicadores de sabedoria. Como Andy Stanley afirma: "Dizer 'eu não sei' quando você não sabe é um sinal de uma boa liderança". Há capacitação em todos os sinceros "Eu não sei".

Celebrando dons inexistentes

O melhor indicador de que compreendemos o que é ministério orientado pelos dons tem a ver com a capacidade de celebrar dons que *não* temos. Um dos meus ensinamentos essenciais sobre os dons espirituais é o seguinte: "Sempre que você descobrir que não tem um dom especial, você tem um motivo para comemorar".

Ao fazer conferências em que dependo de um intérprete, tenho experimentado que eles regularmente sentem a necessidade de me "corrigir" um pouco mais no processo de interpretação. Eu ouvi a minha declaração traduzida como: "Sempre que você descobrir que não tem um dom especial, não é motivo para desistir". Ou: "Sempre que descobrir que não tem um dom especial, você tem que aceitar isso". No entanto, eu não quero dizer que temos que aceitar o fato de que não temos certos dons, e ainda menos que *não é motivo para desistir*. Eu deliberadamente queria comunicar a ideia de uma *celebração*.

Celebrar significa desarrolhar o champanhe (ou, dependendo de sua tradição espiritual, pelo menos uma garrafa de coca), dançar e cantar hinos de louvor! Obviamente, meus intérpretes bem-intencionados não podem imaginar que experiência espiritual profunda e libertadora pode ser descobrir que Deus não nos deu certo dom – e, portanto, não espera que fiquemos frustrados tentando usá-lo.

Você pode *aceitar* algo que faz sentido lógico para você – mesmo que sua mente inconsciente se rebele contra isso. No entanto, você só pode *comemorar* alguma coisa se tanto o seu consciente quanto o seu inconsciente estiverem cem por cento convencidos. É certamente uma boa ideia celebrar os dons que você tem. Mas quando você pode celebrar os dons que não tem, pode ter certeza que você atingiu um nível de maturidade que deve ser o objetivo de todo líder.

Mais na web:

Em 3colorsofleadership.org você encontrará respostas para as seguintes questões:

- *Porque muitos grupos ensinam: "Concentre-se exclusivamente em seus pontos fortes"?*

- *"Pontos fracos" podem referir-se a muitas coisas diferentes – quais são as categorias mais importantes para distinguir?*

As duas asas da estratégia

Entre as palavras que se diz terem mudado o curso da história humana, as seguintes são frequentemente citadas: "Eu digo a vocês hoje, meus amigos, que embora nós enfrentemos as dificuldades de hoje e amanhã, eu ainda tenho um sonho. É um sonho profundamente enraizado no sonho americano. Eu tenho um sonho que um dia esta nação se levantará e viverá o verdadeiro significado de sua crença – nós celebraremos essas verdades e elas serão claras para todos, que os homens são criados iguais. Eu tenho um sonho que um dia nas colinas vermelhas da Geórgia os filhos dos descendentes de escravos e os filhos dos descendentes dos donos de escravos poderão se sentar junto à mesa da fraternidade".

No entanto, quando um ano e meio depois de seu famoso discurso "Eu tenho um sonho" o pastor batista Martin Luther King recebeu o Prêmio Nobel da Paz, não foi por causa desse discurso. Foi porque o sonho já estava se tornando uma realidade – um curso que não podia mais ser parado. Pouco a pouco a "mesa da fraternidade" estava se tornando muito mais do que apenas uma frase poética no final de um discurso visionário.

De "Eu tenho um sonho" para "Eu tenho um plano"

Sem dúvida, o discurso de King "Eu tenho um sonho" mudou o mundo, mas só mudou o mundo porque havia outra pessoa que disse: "Eu tenho um plano". Esse "alguém" foi o segundo homem no movimento, Ralph Abernathy. Ele deu pés ao sonho de King.

"Agora deixe-me dizer o que tudo isso significa para amanhã de manhã", Abernathy tipicamente diria depois de um dos discursos cheios de energia de Martin Luther King. Ele descreveu seu papel assim: "O trabalho do dr. King foi interpretar a ideologia e a teologia da não violência. Meu trabalho foi mais simples e realista. Eu diria às pessoas: 'Não andem nesses ônibus' ".

Abernathy pegou a visão de King e perguntou: "Quais metas concretas são necessárias para tornar a visão de King realidade? E, como podemos sair de onde estamos neste momento para a realização destas metas?" Não devemos confundir metas com visão. A visão não era parar de andar nos ônibus. Esta era uma sociedade caracterizada pela mesa da fraternidade. No entanto, alcançar as metas correspondentes foi um passo essencial para realizar a visão.

Por outro lado, a incapacidade de realizar algumas das metas estabelecidas não torna a visão obsoleta. Se a visão não pode ser alcançada por boicotar ônibus, então talvez possamos exercer pressão sobre o governo? Iniciar uma nova linha de ônibus? Realizar seminários educacionais? Iniciar cooperação internacional? Realizar atos de desobediência civil? Escrever livros? Ou buscar alguma combinação destes meios? Se uma meta falhar, defina diferentes metas. Mas nunca permita que a falha de uma meta específica seja a razão para desistir da visão.

Ponto de partida e de destino

A fim de chegar a um destino específico, você precisa conhecer seu exato ponto de partida. Dê uma olhada no diagrama à direita. As duas asas da estratégia são:

- *Definir metas* (barra magenta), e
- *Analisar a situação atual* (barra ciano).

Uma estratégia é a linha que liga esses dois pontos. Sem uma precisa avaliação da situação atual é impossível desenvolver qualquer tipo de estratégia. Por exemplo, se você vai a uma agência de viagens para reservar um voo para um determinado destino – digamos, Cingapura – a primeira pergunta do agente de viagens é de onde você quer partir. O bilhete (*estratégia*) será diferente se o seu ponto de partida (*situação atual*) for Nova Iorque, Kuala Lumpur ou Moscou, mesmo que o destino (*objetivo*) seja exatamente o mesmo.

Imagine que você não possa descrever o local onde está, nem para onde gostaria de ir – uma discussão sobre a estratégia seria inútil. Como você pode esperar desenhar uma linha de A para B, se não sabe nem mesmo onde os pontos A e B estão localizados?

Por que o Perfil DNI teve que ser desenvolvido

Basicamente, esta era a situação para a maioria das igrejas antes de 1996. Em lugar algum do mundo havia um instrumento que pudesse medir precisamente a qualidade de vida da igreja. No início, isso pode soar como algo não tão importante, mas depois de uma reflexão mais aprofundada, realmente é.

Sem esse instrumento, é praticamente impossível...

- **analisar** a qualidade de sua igreja, isto é, compreender seu ponto de partida (ponto A);
- **estabelecer metas** que descrevem o progresso qualitativo, ou seja, definir o destino (Ponto B);
- **monitorar** quanto progresso foi feito para alcançar suas metas, ou seja, determinar onde vocês atualmente estão na linha entre os pontos A e B.

Porque a situação era essa, discussões anteriores sobre qualidade de igreja geralmente não eram muito proveitosas. Se você não pode definir nem medir a qualidade, é impossível implementar uma estratégia de base na qualidade. Portanto, "a qualidade da igreja" era um dos conceitos mais nebulosos no planeta Terra. Ela variou de uma definição puramente subjetiva ("Quase ninguém frequenta, mas é uma bela igreja") para um foco em detalhes mensuráveis que não são essenciais em termos de qualidade da igreja (prédios, orçamentos, equipamentos, etc.).

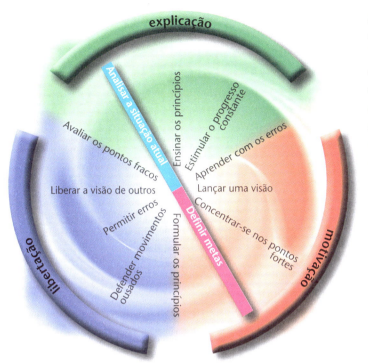

*As duas asas da estratégia dentro da Bússola Trinitária: **Definir metas** como uma expressão da asa da liderança (magenta); **Analisar a situação atual** como uma expressão da asa da capacitação (ciano).*

A fim de trazer objetividade para a discussão, investimos muitos anos no desenvolvimento de uma ferramenta para esse fim. Igrejas que trabalham com o Perfil DNI recebem feedback preciso sobre sua qualidade atual (ponto A) e podem, com base nessa informação, definir metas qualitativas precisas (ponto B). E, em qualquer momento, podem medir com precisão os progressos que fizeram em seu caminho de A a B.

Trabalhando com metas qualitativas

Devido à falta de uma ferramenta, muitas igrejas que sentiram a necessidade de desenvolver uma estratégia se concentraram em fatores quantitativos, como a adoração, oferta ou membresia. Uma vez que esses fatores podem facilmente ser medidos, essas igrejas foram capazes de...

- **analisar** a situação atual ("87 pessoas no atendimento"),
- **estabelecer metas** ("150 pessoas até dezembro do ano que vem"), e
- **monitorar** seu progresso ("Atualmente, 102 pessoas frequentam").

De nossa perspectiva atual, essa estratégia pode não parecer muito inteligente; na verdade, implica em uma série de efeitos colaterais altamente problemáticos. No entanto, devemos reconhecer que, na ausência de uma ferramenta de medição qualitativa, era, certamente, melhor desenvolver uma estratégia quantitativa do que não desenvolver qualquer estratégia.

Esta situação mudou. Agora é possível analisar com precisão a qualidade de uma igreja, para definir metas qualitativas e monitorar em que medida essas metas foram alcançadas. O que significa para uma igreja, em termos práticos, usar o Perfil DNI?

- A **análise** da situação atual pode revelar que "relacionamentos marcados pelo amor fraternal" devem ser o foco da atenção da igreja (pois é, com 28 pontos, seu fator mínimo atual).

- As **metas** podem ser definidas em categorias qualitativas ("Queremos que os nossos membros se sintam mais amados e aceitos, o que será alcançado com um processo de doze semanas com base em *As 3 cores do amor*"), bem como expresso em valores numéricos ("Aumentar o valor do perfil de relacionamentos marcados pelo amor fraternal de 28 para 50 pontos em 18 meses").

- A igreja pode **monitorar** seu progresso (um perfil de repetição tomado depois de vários meses pode revelar que o valor aumentou de 28 para 41 pontos).

Desta forma, trabalhar na qualidade de uma igreja tornou-se manejável. A nebulosidade que cercou isso por tanto tempo foi dissipada.

A insuficiência de metas quantitativas

Um dos critérios mais importantes de uma meta é que o resultado pode ser controlado pelos esforços dos responsáveis por executá-la. Metas precisam sempre ser expressas em categorias gerenciáveis que as pessoas possam influenciar diretamente.

Esta é a principal razão pela qual as metas quantitativas (tal como, "um atendimento de 150 pessoas até o próximo mês de dezembro") podem ser contraproducentes. Você *pode* trabalhar na criação de um ambiente mais amoroso (ou em mais liderança capacitadora, mais pequenos grupos integrais, etc), e que, consequentemente, resultará em atrair mais pessoas. Mas você *não pode* garantir que mais 63 pessoas vão à igreja. A "meta" de aumentar a frequência à igreja em 63 pessoas poderia, de fato, tornar-se um esforço um pouco frustrante.

Enquanto fazem suas tarefas, as pessoas devem ter constantemente as metas definidas em mente. Isso pode servir como critério estratégico para todas as mínimas decisões que têm de ser tomadas ao longo do caminho. Vamos presumir que você tenha a tarefa de trabalhar para a criação de mais relacionamentos marcados pelo amor fraternal preparando um processo de doze semanas com base em *As 3 cores do amor*. Ter em mente a meta qualitativa de "criar uma igreja mais amorosa" seria extremamente útil para você, enquanto a meta quantitativa de "ganhar mais 63 pessoas para Cristo" definitivamente não.

Nunca devemos confundir *metas* com os *resultados naturais* de alcançar essas metas. Isso se aplica a qualquer contexto. Aqui estão alguns exemplos:

- **Igrejas**: Enquanto "a criação de uma igreja mais amorosa" (expresso em categorias gerenciáveis e mensuráveis) é uma excelente meta, "aumentar a participação em 63 pessoas" (que pode ser um resultado natural do aumento do amor), não é.

- **Organizações empresariais**: Enquanto a melhoria da qualidade de seu serviço é uma excelente meta, aumentar o lucro (que pode ser um resultado natural do serviço melhorado), não é.

- **Processos de coaching**: Enquanto o aumento da disciplina é uma boa meta, "felicidade" ou "autorrealização" (que podem ser resultados naturais de maior disciplina), não são.

Objetivos e resultados naturais

Para expressar essa dinâmica nas palavras do grande psicoterapeuta Victor Frankl, felicidade e autorrealização acontecem *per effectum* (ou seja, como resultado natural), mas nunca per *intentionem* (ou seja, fazendo deles sua meta estratégica). Quando você se esforça para obtê-la, você a perde. Nessa arena, Abraham Maslow, a autoridade número um em técnicas motivacionais, tem apoiado as visões de Frankl: "Minha experiência concorda com Frankl de que as pessoas que buscam a autorrealização diretamente, separada de uma missão na vida, de fato não a alcançam".

Essas mesmas dinâmicas foram articuladas quase 2.000 anos antes de Frankl e Maslow as "descobrirem". As palavras de Jesus, registradas em Mateus 10.39, as expressam de uma forma incomparável: "Quem acha a sua vida perdê-la-á; quem, todavia, perde a vida por minha causa achá-la-á". Ao confundir os resultados naturais de uma meta com a meta em si, você realmente mina a possibilidade de alcançar sua meta – e as consequências dessa ordem invertida no reino espiritual podem ser tão dramáticas quanto "perder a sua vida".

Destacando o progresso qualitativo

Ao perseguir suas metas, é essencial ter mecanismos de controle que revelam, com precisão,

- se o seu objetivo foi **alcançado** (um mecanismo de controle para o final do processo: "Será que nós realmente chegamos ao ponto B?")

- quanto **progresso** tem sido feito para alcançar sua meta (mecanismos de controle que podem ser aplicados em todo o processo: "Até que ponto nós chegamos a partir do ponto A, e quão perto estamos do ponto B?").

O Perfil DNI foi concebido como uma ferramenta para as igrejas que pode ser utilizada como um mecanismo de controle para (1) avaliar seu ponto de partida, (2) monitorar em que grau você tem alcançado suas metas, e (3) controlar regularmente seu progresso ao longo do caminho. Não se deve subestimar a diferença que faz ter – e usar! – um controle mensurável que pode destacar ainda etapas microscopicamente pequenas de progresso.

Quando começamos a desenvolver essa ferramenta no final dos anos 80, quase ninguém entendeu nossos motivos: Por que investir vários anos e centenas de milhares de dólares apenas para desenvolver algo que ninguém pediu? Agora, mais de 20 anos mais tarde, depois de tantas igrejas terem experimentado os benefícios da aplicação do perfil DNI, tornou-se difícil *não* ver seu valor.

A motivação para anos de investimento em pesquisa e desenvolvimento não era para ganhar reputação acadêmica. Pelo contrário, foi prevendo o efeito que tal ferramenta poderia ter sobre o planejamento estratégico. Isso foi esmagadoramente confirmado por nossa pesquisa: em média, igrejas que tenham completado três ou mais perfis DNI têm crescido qualitativamente 6 pontos, e sua taxa de crescimento numérico aumentou em 51 por cento (veja página 5). Embora o crescimento qualitativo tenha sido a meta estratégica, o crescimento quantitativo tem sido o resultado natural.

O desenvolvimento do Perfil DNI foi impulsionado por uma visão – vendo centenas de milhares de igrejas experimentarem crescimento qualitativo e quantitativo – mas essa visão só poderia ser colocada em prática indo do *Eu tenho um sonho* para *Eu tenho um plano.*

Termômetro e termostato

Ao longo dos últimos anos, me perguntaram repetidamente: "O simples ato de completar o perfil DNI (ou qualquer um dos outros testes que você desenvolveu) não influencia os resultados do perfil?" A resposta a esta pergunta é um rápido e simples "sim". Ficar ativamente envolvido em tal perfil muda a realidade e, assim, os resultados do perfil.

Testes desse tipo têm sido deliberadamente concebidos, não apenas para servir como um termômetro, mas também como um termostato. Em contraste com um termômetro, um termostato é um instrumento ativo. Ele não mede simplesmente a temperatura. Ele traz a mudança, contribuindo para o clima desejado.

Quando o Perfil DNI é completado, o simples fato de se preparar para ele, discutir sua necessidade, desenvolver olhos mais afiados para a situação presente, esperar pelo perfil, desejar melhores resultados em uma repetição do perfil, etc., influencia fortemente a maneira como as pessoas veem a realidade, como elas agem e como preenchem o questionário. A Pesquisa DNI foi deliberadamente desenvolvida para servir como uma ferramenta que traz mudanças.

O Teste de Capacitação

O mesmo vale para o Teste de Capacitação encontrado neste livro (veja a página 42). Ele serve tanto como um *termômetro* (medindo onde você ou as pessoas que você se esforça para capacitar estão em um dado momento) quanto como um *termostato* (a capacitação começa completando o perfil).

Quando nossos Parceiros Nacionais DNI enviaram convites para uma turnê que fiz em 20 cidades sobre *As 3 cores da liderança*, alguns escreveram: "Como o novo Teste de Capacitação será parte do processo de registro para os participantes, estes devem ser os primeiros congressos de liderança no qual a capacitação das pessoas começa antes mesmo de você assistir à conferência". E isso não foi, de maneira alguma, um exagero! No momento em que as pessoas imergiram no Teste de Capacitação, o termostato foi ativado.

Efeitos capacitadores do Teste de Capacitação

A capacitação acontece em todas as fases da realização do Teste de Capacitação:

- Ao *selecionar pessoas* para preencher o questionário para você, a consciência de sua necessidade de ser capacitado e as necessidades concretas de capacitação das pessoas aumentam.

- O próprio fato de pedir a alguém para ajudá-lo a tornar-se um líder melhor através do preenchimento de uma pesquisa para você é, em si, um ato de capacitação. Isso comunica: "Você pode me dar alguma coisa que eu preciso, a fim de melhorar como líder". Talvez você tenha sido o único a dar feedback no passado. Agora eles têm a oportunidade de lhe dar feedback.

- Ao trabalhar com a lista on-line, os entrevistados *sintonizam na capacitação* que receberam através de você. Uma valorização da energia capacitadora que se tornou parte de suas vidas, que aumenta automaticamente aquela energia.

- Quando você obtiver os resultados do teste, tenderá a vê-los, desde o início, através de *lentes capacitadoras*: "Em que áreas posso melhorar?" O mais provável é que seu nível de capacitação tenha melhorado *antes* de receber os resultados – apenas por ter iniciado o perfil.

- *Compartilhar seus resultados* com as pessoas que preencheram o questionário para você e explorar a questão: "O que poderia ser melhorado?", aumenta tanto sua própria aptidão para capacitação quanto a capacitação dos entrevistados.

- Finalmente, o sistema está construído de tal modo que conduza à *imediata ação*. Não é muito provável que alguém complete o perfil apenas por curiosidade. Já que completar os testes demanda trabalho com um grupo identificável de entrevistados, a expectativa de ver melhora no futuro aumenta entre todas as partes.

Concentre-se no que é essencial

Na medida em que diz respeito à estratégia, o critério mais importante é o foco. Antes de se familiarizar com o DNI, muitos líderes de igreja acreditam que seu trabalho é aumentar infinitamente as atividades de sua igreja – um mal-entendido que pode torná-los relutantes em considerar iniciar o processo. A verdade é que, em muitos casos, um dos primeiros resultados do lançamento de um processo de DNI é uma *redução* de atividade.

Ao ensinar essas dinâmicas, gosto de começar com o slogan frequentemente citado: "As primeiras coisas primeiro". Então continuo: "E as segundas coisas...", fazendo uma pausa significativa e esperando o público completar a minha frase. Bem, a continuação "correta" não é: "As segundas coisas em segundo" (como a maioria supõe), mas em vez disso: "As segundas coisas *de modo algum*".

É um mito supor que uma organização – seja ela uma igreja, um negócio ou uma instituição de caridade – que seja grande em uma área, pode e deve transferir essa grandeza para inúmeras outras áreas. É exatamente o oposto: essas organizações são grandes *porque*, deliberadamente, negligenciam múltiplas tarefas. Elas não são grandes, apesar deste fato, mas em virtude dele.

Mais na web:

Em 3colorsofleadership.org você encontrará respostas para as seguintes questões:

- *Qual é exatamente a diferença entre visão e metas?*
- *Quais pré-condições são necessárias antes que uma igreja inicie um processo DNI?*

Ninguém pode ser excelente em um número infinito de áreas ao mesmo tempo. Sempre que orquestras – e estou falando orquestras realmente grandes – adicionam uma nova peça de música ao seu repertório, removem a peça anterior. Esta é a única maneira pela qual podem permanecer como são – de nível internacional.

Listas de coisas para parar de fazer

Um dos segredos da liderança é a estratégia, o segredo da estratégia é a concentração, e o segredo da concentração é a eliminação – negligência intencional. Bill Hybels, pastor de uma igreja influente nos subúrbios de Chicago, formulou assim: "Nada neutraliza o potencial redentor de uma igreja mais rápido do que tentar ser tudo para todas as pessoas". Temos que aprender a ver o que é essencial – e ignorar o restante. Aprender a ver o que é essencial não é definitivamente uma tarefa fácil, mas a decisão deliberada de ignorar o restante é muito mais difícil – mental, emocional e espiritualmente.

Sempre que vejo as listas de afazeres em expansão de alguns líderes, torno-me cético. Eu, pessoalmente, trabalho tanto com *listas de coisas para parar de fazer* quanto com *listas de afazeres*. A medição do meu sucesso – e o sucesso do nosso ministério – não é o número de envolvimentos. Em vez disso, é fazer poucas coisas melhor do que ninguém. "A capacidade para identificar e focalizar as poucas coisas necessárias", escreve o autor cristão Andy Stanley, "é uma característica de grande liderança".

As duas asas do treinamento

Há uma grande história que expressa uma visão generalizada de ensino. Um francês, um alemão e um americano estavam aguardando execução. A cada um foi dada a oportunidade de um último desejo antes de morrer.

"Meu último desejo é desfrutar de uma refeição completa de nove pratos, incluindo um Bourgogne 2002", disse o francês.

"Antes de minha execução, eu gostaria de ter uma última oportunidade de ensinar", disse o alemão. "Que tal uma palestra de uma hora?"

Em seguida, o americano falou: "Meu último desejo é este: Por favor, posso ser executado *antes* do alemão começar sua palestra? Por favor!"

Como um alemão que tem sido frequentemente exposto ao tipo de ensino que o americano temia, posso identificar-me com ele. Para muitas pessoas que tiveram que suportar terríveis práticas de ensino, o termo "ensino" é igual a falta de vida, tédio e irrelevância.

A importância do porquê

Líderes que querem evitar serem vistos como o alemão em nossa história, tendem a considerar o ensino como algo a evitar, em vez de prática. Treinamento? Sim. Discipulado? Sim. Aconselhamento? Sim. Aprender fazendo? Sim. Mas ensinar? De jeito nenhum! Podemos detectar a influência dessa linha de pensamento em muitos dos mais recentes livros cristãos sobre liderança. Quando alguns autores mencionam o termo "ensino", isso leva quase exclusivamente a conotações negativas.

No entanto, as consequências de negligenciar o ensino são tão contraproducentes quanto a abordagem sem vida ao ensino que é – acertadamente – rejeitada. As pessoas devem entender completamente o que estão fazendo e por que estão fazendo isso; elas têm que ser capazes de interpretar adequadamente o que está acontecendo ao seu redor; devem reconhecer os princípios fundamentais da Bíblia, como eles se relacionam entre si, e de que forma eles podem afetar suas vidas pessoais e a vida de sua igreja.

Até que as pessoas compreendam o *porquê* por trás do que elas ou os outros estão fazendo – talvez porque seus líderes têm se centrado exclusivamente no *como* – elas não vão amadurecer. Uma compreensão adequada dos princípios por trás de comportamentos esperados tem um enorme efeito capacitador. Simplesmente imitar alguém sem compreender plenamente os motivos e os princípios – o *porquê* por trás de suas ações – você pode estar adquirindo um valioso know-how. Mas somente adicionando *conhecimento* ao seu *know-how*, você será verdadeiramente capacitado.

Retendo conhecimento para proteger a autoridade

Particularmente, entre consultores de negócios, há uma prática altamente incapacitante de reter certas informações para os especialistas. Criar deliberadamente uma "caixa preta" é garantia de que terão um maior conhecimento do que seus clientes, e isso é uma lacuna de conhecimento cuidadosamente protegida. Dentro da comunidade DNI, o oposto é verdadeiro: o conhecimento adquirido é acessível a todos, porque é o nosso objetivo explícito que a competência de cada treinando exceda a de seu treinador.

Conhecimento é poder. É fácil entender por que os ditadores tendem a suprimir certos tipos de informações. Eles se sentem ameaçados por seguidores que possuem muito conhecimento. Líderes com uma mentalidade de ditador preferem agir sem ter que dar uma explicação. Querem que as pessoas aceitem sua palavra, simplesmente porque disseram. Em contraste, os líderes capacitadores presumem que as coisas são como deveriam ser, quando as pessoas que lideram entenderam totalmente o *porquê* do que eles estão fazendo. A pessoa capacitada com o conhecimento já não se curva à liderança de um ditador.

É por isso que a compreensão dos princípios inevitavelmente contribui para uma mudança de autoridade. As pessoas cada vez mais fazem as coisas que precisam fazer porque faz sentido para elas – tanto em suas cabeças quanto em seus corações – e não apenas porque o líder disse a elas. O foco está cada vez mais nos fatos (seja bíblico ou empírico) do que na opinião do líder.

Em *Empresas feitas para vencer*, Jim Collins, com base em uma abrangente pesquisa a partir de inúmeras empresas, faz a seguinte observação: "No momento em que um líder permite que ele mesmo seja a principal realidade com que as pessoas devem se preocupar, em vez da realidade ser a preocupação principal, você tem uma receita para a mediocridade, ou pior. Esta é uma das principais razões pelas quais os líderes menos carismáticos, muitas vezes, produzem melhores resultados a longo prazo do que os mais carismáticos".

Diminuindo o interesse em fatos empíricos

Testemunhei algumas vezes as consequências da incapacitação na vida das pessoas quando elas estão mais preocupadas com o que o que seu líder pode pensar sobre um tema, do que com a realidade e os fatos. Tome como exemplo, o seguinte diálogo:

Líder de igreja: Nós, geralmente, não temos problema algum com o DNI, mas não acreditamos na estratégia do fator mínimo.

Christian: Isso não é uma questão de crença. A estratégia do fator mínimo foi confirmada por pesquisa em mais de 70 mil igrejas – na verdade, a pesquisa mais abrangente sobre o crescimento da igreja já feita. Não estamos falando sobre as preferências pessoais, mas sobre ciência e fatos.

Líder da igreja: Seja como for, nosso pastor tem afirmado repetidamente que a sua experiência foi o oposto. Portanto decidimos não seguir a abordagem de fator mínimo.

Christian: Claro, as pessoas têm diferentes experiências. As experiências da minha tia Helga, por exemplo, podem ser semelhantes às do seu pastor, mas eu ainda não vou ensinar as experiências da tia Helga, nem minhas experiências pessoais, mas fatos empiricamente verificáveis.

Líder da igreja: Como eu disse, não temos nenhum problema com o DNI, nós apenas não acreditamos na estratégia do fator mínimo.

Poderíamos ter continuado nossa discussão eternamente, sem fazer nenhum progresso substancial. No sistema de valores desse líder, a opinião de seu pastor, a autoridade final e inabalável – mesmo em uma área na qual não é nem opinião, nem experiência pessoal, mas o conhecimento que conta. Sua falta de interesse em considerar os fatos era evidente. A verdade já estava pré-definida pela opinião do seu pastor sênior. Somente através de uma quantidade significativa de ensino orientada por princípio tal postura será superada.

A importância dos princípios

O termo "princípio" é um termo-chave para o Desenvolvimento Natural da Igreja. Como uma abordagem orientada por princípio para o crescimento da igreja, ela cumpre os seguintes quatro critérios:

1. Princípios são **universalmente válidos**. Eles não se aplicam apenas a determinadas situações ou circunstâncias específicas. Aplicam-se a todas as denominações, a todos os modelos da igreja, a todos os estilos de devoção, e a todas as culturas.

2. Princípios devem ser **comprovados**. Até que tenhamos provas empíricas claras, podemos falar de uma hipótese como uma ideia interessante que vale a pena considerar, mas não devemos chamar de princípio. Existe somente uma maneira de descobrir se um conceito específico é um princípio universal: pesquisa universal (ou seja, no mundo todo).

3. Princípios sempre lidam com o que é **essencial**, e não com os aspectos secundários da vida cristã. Portanto, podemos esperar encontrar os princípios que influenciam as nossas vidas descritos na Bíblia, mesmo que a terminologia usada nas Escrituras seja diferente.

4. Princípios devem ser sempre **individualizados**. Eles nunca lhe dizem exatamente o que fazer. Em vez disso, fornecem critérios que permitem que você descubra o que deve ser feito em uma situação particular.

Princípios são válidos se você acredita neles ou não. Eles vão influenciar sua vida, mesmo que você decida rejeitá-los. Eles se aplicam independentemente da sua inclinação teológica, da sua filosofia de ministério ou do seu modelo favorito de igreja. Eles até mesmo se aplicam se você decidir não utilizá-los.

O conceito de *arche* no Novo Testamento

Tenho dito repetidamente que a palavra *princípio* não é um termo bíblico. Isso é uma distorção grosseira. O termo *arche* no Novo Testamento, que é o protótipo da palavra em inglês princípio, não é somente frequente, mas também um termo bíblico essencial. Muitos de nós podem não ter tido conhecimento de que arche não é traduzido como "princípio" na maioria das Bíblias em inglês.

A palavra grega *arche* implica sempre primazia (compare os termos em inglês de *arcanjo*, *arcebispo*, etc). Quando abordado a partir de uma mentalidade inglesa, arche tem o duplo significado de *início* (primeira causa) e *poder* (regra). O *arche*, ou início, de algo está sempre relacionado com o *telos* (o final, o objetivo, a finalidade). Algumas das passagens mais significativas das Escrituras que explicam a missão de Cristo são construídas em torno do conceito de *arche* (João 1.1, por exemplo).

Em Colossenses 1.15-18, lemos: *Este é a imagem do Deus invisível, o primogênito de toda a criação; pois, nele, foram criadas todas as coisas, nos céus e sobre a terra, as visíveis e as invisíveis, sejam tronos, sejam soberanias, quer principados, quer potestades. Tudo foi criado por meio dele e para ele. Ele é antes de todas as coisas. Nele, tudo subsiste. Ele é a cabeça do corpo, da igreja. Ele é o princípio, o primogênito de entre os mortos, para em todas as coisas ter a primazia.*

É altamente significativo que o próprio Jesus seja descrito como a síntese de *arche*. Essa mesma ideia fornece a base de Hebreus 12.2: *Olhando firmemente para o Autor (**archegon**) e Consumador (**teleioten**) da fé.*

A abordagem orientada por modelos de princípios

Uma das marcas do DNI é que todas as suas ferramentas são baseadas em princípios universais. Por essa razão, sempre tomei muito cuidado para explicar a diferença entre uma abordagem orientada por modelo e uma orientada por princípios. A abordagem orientada por modelo tende a ser fortemente moldada pelas experiências pessoais daqueles que lançaram o modelo, enquanto uma abordagem orientada por princípio se esforça para revelar os elementos que se aplicam independentemente da cultura, tradição espiritual ou o tamanho da igreja.

Ao fazer essa distinção, tenho ouvido muitas vezes líderes de igrejas-modelo dizerem que não significa que eles ensinem: "Siga o nosso modelo". Muitos deles afirmam explicitamente: "*Não* siga o nosso modelo – apliquem os princípios por trás dele". Em princípio, isso soa razoável. Com uma reflexão mais aprofundada, no entanto, a sugestão passa a ser problemática. É esperado que pessoas façam duas coisas extremamente difíceis:

- Em primeiro lugar, eles devem **extrair os princípios universais** dos ensinamentos das igrejas-modelo, que geralmente apresentam uma mistura de elementos baseados em princípios e altamente pessoais, com tempero biográfico, culturalmente moldados, tudo no mesmo pacote. Já que trabalhar essa distinção é a essência do nosso ministério, tenho aprendido o quão desgastante e consumidora de energia é essa tarefa.

- Em segundo lugar, eles devem **aplicar esses princípios à sua situação específica**. E esta não é uma tarefa fácil.

A abordagem do DNI aos princípios

Em todos os países onde existe um parceiro nacional DNI, temos trabalhado duramente para oferecer ajuda prática em ambas as áreas.

- Os **livros do DNI** foram deliberadamente projetados para comunicar os princípios que foram extraídos de incontáveis modelos. Nós não esperamos que esse trabalho pesado seja feito por nossos leitores. Vemos isso como nossa responsabilidade, sabendo que são necessários anos de estudo e de pesquisa para fazer uma distinção responsável entre modelos e princípios.
- A fim de ajudar as igrejas a aplicarem esses princípios em situações concretas, construímos uma rede de **treinadores DNI**. Seu trabalho é ajudar a preencher a lacuna entre os princípios universais (que são, inevitavelmente, um pouco abstratos), e a situação concreta de uma igreja.

Equilibrando as duas asas

Dê uma olhada no diagrama da página 89. As duas asas do treinamento são:

- *Ensine os princípios* (barra ciano), e
- *Molde os princípios* (barra magenta).

Observe que *molde os princípios* é a asa principal, enquanto *ensine os princípios* é a asa de capacitação. Modelagem e ensino se relacionam um ao outro da mesma forma que liderança e capacitação. Não é um ou/ou, mas ambos/e.

Até este ponto, tenho sublinhado a importância de ensinar os princípios. Agora vamos dar uma olhada mais de perto no polo oposto – moldar os princípios. Sem dúvida, modelos adequados têm um forte impacto sobre as atitudes e comportamentos das pessoas.

O poder por trás de uma abordagem de modelo

Para estudar essa dinâmica, os pesquisadores desenvolveram uma técnica chamada *estímulo*. No processo de estímulo, seres humanos são expostos a determinadas imagens ou palavras que se relacionam a um estereótipo específico. O teste é feito após o fato, a fim de observar o grau em que o estímulo específico afetou o comportamento do sujeito.

Por exemplo, uma vez que um dos estereótipos associados a pessoas idosas é a lentidão, os pesquisadores suspeitaram que os indivíduos estimulados com conceitos relacionados à "terceira idade" iriam, após o estímulo, andar automaticamente mais lentamente até o elevador que o resto do grupo de teste. E foi exatamente isso o que aconteceu. Apenas por ler algumas palavras comumente ligadas à velhice

– lentidão nem mesmo estava entre elas – os comportamentos dos indivíduos estimulados refletiam imediatamente o de pessoas idosas.

Agindo de forma mais inteligente ou mais estúpida – somente por causa do estímulo

Também foi demonstrado que, simplesmente através do estímulo, as pessoas agiriam de maneira mais inteligente ou mais estúpida do que a habitual. Em um experimento, os sujeitos foram convidados a pensar sobre professores por cinco minutos e escrever tudo o que vinha à mente. O objetivo desse exercício não era saber mais sobre este grupo de trabalho específico, mas simplesmente estimular os participantes a um estereótipo ligado à inteligência.

Da mesma maneira, um segundo grupo foi solicitado a pensar durante cinco minutos sobre secretárias, um grupo profissional que não é nem associado com a inteligência, nem com a falta dela. A um terceiro grupo não foi dada qualquer tarefa de estímulo. No final do estudo, todos os participantes tinham que preencher um questionário com 42 questões bastante difíceis de múltipla escolha destinadas a avaliar o conhecimento geral. Em média, o grupo que não tinha sido estimulado e o que tinha sido estimulado com "secretárias" respondeu 50 por cento das perguntas corretamente. O grupo que havia sido estimulado como "professores", no entanto, respondeu 60 por cento das perguntas corretamente.

Quando modelos resultam no efeito oposto

Curiosamente, em determinadas circunstâncias o estímulo leva ao efeito oposto. Como vimos, pessoas do teste que pensam em "professores" comportam-se de forma mais inteligentes do que a habitual, mas quando estimuladas com "Albert Einstein", comportam-se de maneira consideravelmente mais estúpida do que o habitual. Como isso pode ser explicado?

É porque estímulo com uma pessoa muito acima da média cria um ponto de comparação inalcansável. Ao pensar em Einstein, uma pessoa pode pensar: "Bem, eu certamente sou inteligente, mas em comparação com Einstein não sou nada". Consequentemente, a pessoa se sente e age mais estupidamente do que o habitual.

Inúmeros estudos psicológicos têm indicado que um bom modelo não deve estar muito longe do âmbito de uma pessoa. Caso contrário, o resultado será o oposto do efeito desejado: as pessoas admiram o modelo, mas seu comportamento não melhora. Sempre que você estiver procurando modelos adequados dentro de um processo de mudança, é de extrema importância manter essa dinâmica em mente.

Admirar o herói ou mudar seu comportamento?

Tive a oportunidade de observar em primeira mão como esse mecanismo funciona quando participei de concertos musicais do "Martin Luther King Tour" com base nas letras que eu tinha escrito

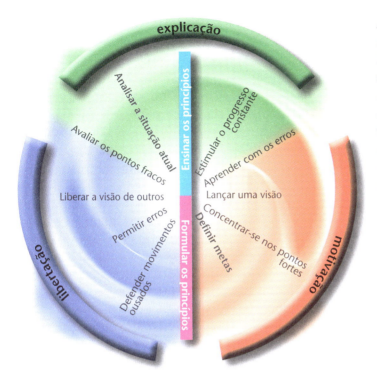

As duas asas de treinamento dentro da bússola trinitária: **ensinar os princípios** como uma expressão da asa da capacitação (ciano); **formular os princípios** como uma expressão da asa da liderança (magenta).

para comunicar a mensagem de King. Todas as noites, centenas de pessoas ouviam esta mensagem radical cristã por várias horas, e muitos deles me disseram o quanto admiravam King e quão profundamente eles tinham sido tocados pelo evento.

No entanto, através de inúmeras conversas posteriores aprendi a dolorosa verdade que admirar Martin Luther King e ser tocado por sua mensagem não tem influência alguma sobre a prontidão das pessoas para implementar os princípios de King em suas vidas diárias. Eles podem dizer, profundamente comovidos: "Como é maravilhoso que o cristianismo tenha produzido cristãos como Martin Luther King, tão corajosos, tão radicais, tão fortes". Tal declaração não custa nada e não muda nada. Admirando nossos heróis, delegamos a eles coragem, radicalidade e força. Porque eles são tão poderosos, nós não temos que ser.

Assim, é fácil de explicar porque a história de Martin Luther Kings tem uma reputação tão elevada aos olhos de muitos cristãos. Eles são vistos como heróis cristãos – inacessivelmente além de nós - e, como tal, perderam seu potencial para servir como modelos dentro de um processo de mudança. Tanto quanto diz respeito às nossas próprias vidas, preferimos permanecer como passivos simpatizantes em vez de nos tornarmos agentes de mudança ativos.

Combinando modelo e ensino

Como podemos combinar as duas dimensões de ensino e modelo? Primeiro, moldando os princípios – e então, como um passo de acompanhamento, explicando-os. Um dos melhores exemplos disso foi dado por Samiton, o pastor de uma megaigreja em Jacarta, que costumava ser nosso parceiro nacional do DNI para a Indonésia.

Uma igreja local tinha convidado Samiton para ensinar sobre os segredos do Desenvolvimento Natural da Igreja. Samiton incentivou a participação dos membros da igreja para um jantar juntos. Cada participante foi convidado a trazer algo de casa para ser preparado enquanto estavam juntos.

Quando Samiton chegou, eles começaram a noite com um tempo de culto no qual cada participante foi incentivado a compartilhar. Depois eles jantaram juntos, acompanhados por algo que alguns consultores de negócios rotularia como "conversa fiada" – as pessoas falavam sobre o que era relevante para elas. Muitos trouxeram problemas da igreja e suas experiências para resolvê-los. Outros simplesmente compartilharam o que a igreja significava para eles. Todos se sentaram no chão, e Samiton basicamente manteve o tempo de compartilhar fluindo, enquanto desfrutava de seu jantar.

Conforme o tempo avançava, o pastor convidado tornou-se cada vez mais impaciente, e, finalmente, perguntou para Samiton: "Quando é que você vai compartilhar os segredos do Desenvolvimento Natural da Igreja?"

Samiton respondeu: "Temos vivenciado isso durante toda a noite. Tentei liberar a energia neste grupo – no DNI isso se chama *liderança capacitadora*. Todos contribuíram com esta noite de acordo com seus dons – no DNI isso é conhecido como *ministério orientado pelos dons*. Nós louvamos a Deus juntos – que é *espiritualidade contagiante*". Ele foi por toda a lista das oito características de qualidade do DNI, relacionando-as com o que cada participante tinha acabado de experimentar.

Necessidades de aprendizagem ocidentais

"Isso é DNI", disse Samiton. "Nós temos que viver cada um desses princípios – com eficácia crescente. Eu ficaria mais do que feliz em ajudá-lo nesse processo."

Para mim não é nenhuma surpresa que esse exemplo de integração de modelo e ensino tenha vindo de um país do Oriente. Samiton é um asiático. Foi outro asiático, Mahatma Gandhi, que disse: "Seja você a mudança que quer ver no mundo". E ainda outro asiático, Jesus, depois de ter lavado os pés dos discípulos, disse: "Vós me chamais o Mestre e o Senhor e dizeis bem; porque eu o sou. Ora, se eu, sendo o Senhor e o Mestre, vos lavei os pés, também vós deveis lavar os pés uns dos outros. Porque eu vos dei o exemplo, para que, como eu vos fiz, façais vós também" (Jo 13.13-15).

Mais na web:

Em 3colorsofleadership.org você encotrará respostas para as seguintes questões:

- *Já que o DNI está comprometido em compartilhar todo o conhecimento adquirido, por que os dados da pesquisa não estão publicamente disponíveis?*

- *Como podemos aplicar melhor o aprendizado orientado por modelos nos princípios do DNI?*

As duas asas da progressão

Foi uma das mais raras ocasiões ser convidado para um programa de TV. O anfitrião me enviou com antecedência as perguntas mais importantes para me dar uma chance de me preparar para a transmissão. Meu livro *Mudança de paradigma na Igreja* tinha acabado de ser lançado, portanto, várias questões tratavam de teologia, incluindo a história da Reforma.

O que é um "reformador"?

Uma das perguntas foi: "Sr. Schwarz, você se considera um reformador?" Quando li isso, a minha primeira resposta intuitiva era categoricamente rejeitar o título de "reformador", aplicando o ritual ensaiado de humildade cristã: "Claro que não, de maneira alguma, acredito que pessoas como Martinho Lutero ou John Wesley merecem esse título, mas eu não; e o que estamos fazendo com o DNI certamente não é uma reforma, por favor, não me entenda mal".

Mas então, apliquei o que eu tinha tantas vezes ensinado os outros a fazerem – pensei. Demorou um pouco, mas finalmente percebi que, quando se trata de reformas, só há duas opções: ou você é um defensor do status quo, ou você é um reformador. Tendo estas alternativas claramente em mente, não tinha a menor dúvida de onde iria me posicionar.

Alguns dias depois, quando o programa foi gravado e as câmeras foram ligadas, me fizeram essa pergunta: "Sr. Schwarz, você se considera um reformador?" Eu tinha me preparado bem. Minha resposta foi breve: "Claro que sou um reformador. E espero que você também seja".

A essência de um processo de mudança

Agora eu não tenho a menor hesitação em classificar o Desenvolvimento Natural da Igreja como um processo de reforma. O DNI não é sobre cosméticos de igreja, mas sobre mudanças substanciais que são certamente *diferentes* das mudanças que ocorreram na época da Reforma, mas não são menos importantes ou dramáticas. Observe uma igreja que tenha aplicado o DNI durante um período de anos e experimentou um crescimento qualitativo contínuo. As mudanças – e os efeitos dessas mudanças – claramente revelam a dinâmica de um processo de reforma. Isso é verdade mesmo que os resultados nunca cheguem às manchetes. Processos de mudança sustentáveis raramente produzem propaganda.

Ao longo deste livro, temos visto repetidamente o quão contraproducente é aproximar as duas asas da liderança com uma mentalidade ou/ou: ou a visão do líder ou a visão das pessoas, ou os pontos fortes ou as fraquezas, ou ensinar ou moldar os princípios, etc. Muitos autores que têm algo maravilhoso a dizer sobre uma das duas asas – tal como defender movimentos ousados – obviamente sentem que podem fazer isso melhor minimizando a asa oposta ("Não desperdice seu tempo com passos de bebê, tome ações ousadas"). Se você estudar livros de liderança, vai descobrir que isso não é a exceção, mas a regra.

O segredo de e/ambos

Como você pode ver no diagrama à direita, as duas asas da progressão são as seguintes:

- *Defender movimentos ousados* (barra magenta), e
- *Estimular o progresso constante* (barra ciano).

Mudança, crescimento, progresso – três nuances diferentes da mesma realidade. Cada uma expressa o fato de que a vida não é estática. O segredo da liderança é gerenciar proativamente a mudança, em vez de simplesmente deixar acontecer e aceitar os resultados, sejam eles quais forem. Líderes devem investir continuamente em sua própria mudança pessoal. Logo que eles param de mudar, param de crescer e progredir e, consequentemente, sugerem para os outros, com seu exemplo, que é normal não crescer e progredir. Uma das tarefas mais importantes de qualquer líder é ser modelo de mudança pessoal e apoiar os outros no processo de mudança. Como isso é feito é o tema da Parte 3 deste livro (páginas 99-144).

Algumas mudanças exigem *movimentos ousados* e outras, o *progresso constante*. Se os líderes só aprenderam a aplicar uma dessas duas asas ("O que conta é um avanço" ou "O que conta são os pequenos passos"), sua capacidade de liderança é perigosamente prejudicada. Em sua unilateralidade voluntária ou involuntária, tanto os "pregadores da descoberta" quanto os "especialistas em pequenos passos" podem causar muitos danos.

Visão e movimentos ousados

Tive muita sorte, relativamente cedo na minha carreira, em ser cercado por muitas pessoas que constantemente praticavam e incentivavam movimentos ousados – pastores, empresários e artistas. Um deles, que se tornou algo como um mentor para mim, repetidamente me fazia a seguinte pergunta: "Em seu campo, o que você acha que é impossível, mas que teria um impacto significativo no mundo se pudesse ser feito?"

Foi precisamente esta pergunta que, anos mais tarde, levou ao movimento mais ousado que eu tinha feito até aquele momento: a pesquisa inicial de igrejas em 32 países, a fim de identificar princípios universais de crescimento de igreja. Por incrível que possa parecer, nunca ninguém tinha realizado tal estudo, e percebi que, muito provavelmente, ninguém jamais faria. Inúmeras pessoas – nos seminários e fora do mundo acadêmico – falavam sobre os princípios de crescimento da igreja, mas ninguém podia realmente confirmar se estes princípios eram verdadeiros (veja os critérios na página 85) e não apenas as ideias favoritas de alguns pastores bem-sucedidos.

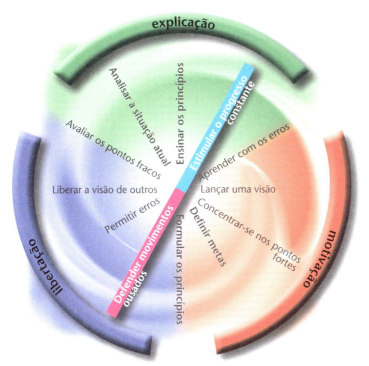

As duas asas da progressão dentro da bússola trinitária: Defender movimentos ousados como uma expressão da asa da liderança (magenta); Estimular o progresso constante como uma expressão da asa da capacitação (ciano).

Por muitos anos, eu não tinha a menor intenção de iniciar tal pesquisa por conta própria. Falei com uma série de organizações e cada uma delas disse: "O que você tem em mente é certamente uma ideia interessante. Mas não temos nem o dinheiro, nem a mão de obra para colocá-la em prática". Algumas das organizações que eu tinha contactado tinham vários milhões de dólares e 100 funcionários a mais! E aqui estava eu, um estudante de teologia com uma "renda" de US$ 400 dólares por mês, zero funcionários, e uma mesa com um computador.

O capital que conta

No entanto, em um determinado momento, percebi que não é o tamanho da organização, o número de empregados ou o orçamento que contava. O "capital" real é algo completamente diferente: ter uma visão divinamente inspirada – estar pronto para investir tudo à sua disposição para ver a visão se tornar realidade. Sem a prontidão para fazer movimentos ousados, uma visão não é nada mais do que poesia. Mas combinada com movimentos ousados, uma visão tem incomparavelmente mais poder do que milhões de dólares e exércitos de funcionários, que trabalham incessantemente em edifícios de prestígio.

Sim, eu estava pronto para fazer algo que era visto como *impossível em minha área*, mas que teria o potencial de mudar centenas de milhares de igrejas quando se tornasse realidade. E aquelas igrejas definitivamente teriam a capacidade de *fazer um impacto significativo em todo o mundo*. A semente que meu mentor havia plantado em meu coração, fazendo aquela pergunta, começou a criar raízes.

Pagando o preço

Fazer esse movimento ousado foi o ponto de partida da fase mais difícil da minha vida. Por um período de oito anos, no final de cada ano, estávamos consideravelmente muito mais em dívida com o banco do que no ano anterior, e isso apesar do incrivelmente difícil – e, eu diria, "bem-sucedido" – trabalho. Devemos ter em mente que, no momento em que plantamos a semente para o ministério que agora é chamado de Desenvolvimento Natural da Igreja, não era apenas que não tínhamos qualquer infra-estrutura, dinheiro, ou os trabalhadores de tempo integral. Não tínhamos qualquer contato internacional. Muito poucas pessoas conheciam o meu nome fora da Alemanha. Nenhum dos livros ou documentos estava disponível em inglês. E a internet ainda não estava estabelecida para facilitar a transferência de manuscritos ou para ajudar as pessoas a se conectarem.

Lembro-me da reunião em que falei pela primeira vez sobre o plano de fazer nossa pesquisa global. Um dos participantes, que estava ciente do meu plano de partida desfavorável, zombou de mim, apresentando o seguinte cenário: "Bem, Christian, um plano fantástico. Então você vai voar de país em país, os questionários em mãos, gritando no aeroporto, 'Pesquisas! Pesquisas!' Um magnífico plano, de fato". Todos os participantes, com exceção de mim mesmo, imediatamente explodiram em gargalhadas, de tal modo que tinham lágrimas nos olhos e parecia que as paredes estavam tremendo. Eu respondi: "Uma vez que terminemos este projeto e vejamos os efeitos, você vai se arrepender da sua zombaria". Isso só resultou em risos mais altos, e muito mais piadas sobre o Christian pousando em vários aeroportos, gritando: "Pesquisas! Pesquisas!"

É um engano grosseiro supor que as pessoas que fazem movimentos ousados, o fazem porque é divertido para elas. Definitivamente não há nenhuma diversão em pagar o preço por movimentos ousados. As pessoas que fazem movimentos ousados, o fazem porque veem a necessidade deles; na verdade, elas não veem alternativa. Por isso, estão dispostas a assumir riscos que a maioria das pessoas evitaria terminantemente. Coragem não é a ausência de medo nem o amor ao medo, mas a *disposição* de viver com o sofrimento do medo.

Lidando com a dissonância

Movimentos ousados rotineiramente produzem respeito a longo prazo (se o resultado estiver sendo "bem-sucedido"), mas costumam atrair críticas e até mesmo zombaria a curto prazo. Tornar-se o alvo de chacota na área em que você está investindo sua vida é difícil, mas importante e talvez até necessário. É assim que o líder aprende a depender de Deus e suas promessas e, ao mesmo tempo, aprende a lidar com a dissonância que qualquer movimento ousado inevitavelmente cria.

Sem dúvida, há uma distância entre líderes e não líderes. A distância, no entanto, não tem que ser expressa através de qualquer hierarquia formal, nem pelo tamanho da mesa, pelo título que você tem ou pela renda que você ganha. Pelo contrário, a distância é criada pela visão dos líderes e os movimentos ousados que iniciam. Muitas pessoas ficam assustadas com a ideia de tomar ações ousadas.

A necessidade de tomar decisões

Liderança não tem a ver com ser agradável e, definitivamente, não é evitar conflitos; ao contrário, envolve *criar* divergência e gerir a divergência criada. Esta divergência resulta da necessidade de mudar a situação presente, que sempre provoca a resistência dos que não estão – ou ainda não estão – dispostos a dar tal passo. Liderança não deve ser confundida com a manutenção do status quo. Sua essência é a iniciação de um processo de mudança que resulta em um novo e melhor status quo.

Uma parte essencial da liderança é a tomada de decisão, e o propósito das decisões não é fazer as pessoas felizes. Se todos fossem da mesma opinião – uma opinião que iria realizar as soluções para o futuro – não haveria necessidade de tomar decisões. E se todo mundo está satisfeito com uma decisão que foi tomada, você pode ter quase certeza de que não era a melhor decisão possível. Aceitação geral não é um critério sensato para uma boa decisão.

Cada decisão atrai críticas daqueles que têm um ponto de vista diferente. Se o líder se esforça em tomar decisões para que todos estejam em concordância, ele está pré-programando o grupo ou a organização para continuar a viver muito abaixo do seu potencial dado por Deus. Por que tantos grupos nunca atingem seu potencial? Porque eles não têm um líder que se atreve a fazer movimentos ousados.

Cuidado com os críticos - e aprenda com eles

O fato é que, na maioria dos casos, os dados empíricos são o contrário dos movimentos ousados. As circunstâncias, frequentemente, apoiam o ponto de vista dos críticos. Fazer um movimento ousado nunca é a única, e definitivamente nem a mais óbvia, maneira de interpretar os fatos. Pode-se sempre sugerir boas razões para não fazer um movimento ousado.

Sem líderes arrojados o suficiente para fazer movimentos ousados, apesar das críticas, o cristianismo engatinharia no caminho do progresso. A verdade é que enquanto os críticos estão geralmente certos, os visionários são os que mudam o mundo – na medida em que sua visão é acompanhada por movimentos ousados. Enquanto os críticos podem compartilhar conhecimentos valiosos, sua atitude nunca trará inovações verdadeiras e que mudem o mundo. Fazer movimentos ousados para trazer à existência algo que não foi tentado antes exige coragem.

A descrição de Henry Ford de clientes também é uma descrição perfeita dos críticos: "Se eu tivesse perguntado aos clientes o que queriam, eles teriam dito 'um cavalo mais rápido' ". É preciso liderança para olhar além daqueles desejos articulados, e não ser movido pela crítica vinda dos que estão presos às realidades do status quo. Se sua imagem mental de transporte está limitada a cavalos, algo como um automóvel ("Que termo assustador!") pode criar resistência, mesmo que ele tenha a solução para as mesmas perguntas que os críticos fazem.

Duas respostas às críticas

Como líder, o segredo para lidar com críticas de movimentos ousados é fazer o seguinte, simultaneamente:

- Primeiro, olhe para a partícula de verdade dentro da crítica. Existe sempre algo a ser aprendido, mesmo a partir de uma crítica agressiva, ofensiva e bizarra.
- Em segundo lugar, não permita que seus críticos prejudiquem sua visão. Se você acredita que tem que convencer até o último crítico *antes* que você possa fazer um movimento ousado, ficará congelado à imobilidade.

Ao longo dos últimos vinte anos do nosso ministério, tenho desenvolvido o hábito de me aproximar de qualquer tipo de crítico com essa mentalidade: "O que há por trás dessa crítica que pode me ajudar a melhorar?" Aplicando essa estratégia, encontro-me continuamente exposto a valiosos estímulos de crescimento. A maioria dos meus críticos não está nem mesmo ciente do quanto tem abençoado a minha vida e contribuído para a melhoria do Desenvolvimento Natural da Igreja.

No entanto, apesar de ter assumido essa atitude como uma forma de vida, suspeito que a maioria dos meus críticos não está muito feliz comigo. Por quê? Porque eles veem que eu não coloco em prática tudo o que sugeriram, pelo menos não da maneira que sugeriram. Em alguns casos, aprender com um crítico significa fazer exatamente o oposto do que ele quer que eu faça. Sim, eu ouço atentamente as preocupações e argumentos dos críticos. E *isto* pode ser exatamente o que me convence a investir ainda mais energia na busca do caminho oposto.

Avaliação da qualidade permanente

Movimentos ousados são uma parte essencial da liderança; no entanto, eles são apenas um lado da moeda. Sem um sistema para nutrir continuamente o progresso constante, uma "cultura de movimentos ousados" pode fazer mais mal do que bem. Por essa razão, temos tomado muito cuidado, no DNI, para estabelecer sistemas que forneçam avaliação permanente da qualidade que particularmente destaca pequenos indicadores de progresso. As três ferramentas mais importantes que podem ser aplicadas nesse processo são as seguintes:

- O **Perfil DNI** (página 79), que mede as oito qualidades críticas de uma igreja saudável, é útil não só para avaliar o ponto de partida da igreja, mas especialmente, e, sobretudo, para revelar quanto progresso sua igreja tem feito para alcançar seus objetivos.

- O mesmo vale para os **Testes dos Recursos Práticos do DNI**, tal como o Teste de Capacitação. Eles não só ajudam você a identificar o seu ponto de partida, mas também servem como uma ferramenta para medir seu progresso ao longo do tempo.
- E por último, mas não menos importante, a **Dinâmica de Mudança Espiritual** é um método que não só mede o progresso, mas de forma proativa investe em trazer progresso. Avaliação da qualidade constante é um ingrediente central da Dinâmica de Mudança Espiritual (veja páginas 99-144).

A chave é fornecer uma avaliação qualitativa regularmente. Deveria tornar-se tão normal quanto contar a oferta depois do culto. Eu sempre tenho que sorrir quando as pessoas proferem uma infinidade de perguntas sobre se agora é o momento certo para fazer o Perfil DNI. "Não é prematuro? Nosso pessoal está pronto para ouvir os resultados? Não seria melhor esperar por mais seis meses?"

Sempre que ouço esse tipo de objeção, desafio as pessoas a aplicarem esse mesmo raciocínio para contar suas ofertas (que é apenas outra ferramenta de avaliação – neste caso, quantitativa). Sugiro que no próximo domingo elas perguntem: "Não é prematuro? Nosso pessoal está pronto para ouvir os resultados? Não seria melhor esperar mais seis meses?" A avaliação regular da qualidade deve ser tão rotineira quanto nossos vários métodos de avaliação quantitativa.

O perigo de ensinar "excelência"

Quando se trata de avaliação de qualidade, muitos líderes não entendem como é crucial escolher o ponto certo de comparação. Na ânsia de ver progressos, muitos líderes começaram a promover padrões de "excelência". Essas normas, que são frequentemente importadas de megaigrejas altamente profissionais e ilustradas por alegados líderes mundiais em um campo específico, geralmente resultam em um conjunto de expectativas irrealistas (e, assim, frustradas) para o cristão comum, em vez de ajudar a liberar o potencial que Deus implantou *neles*.

Por exemplo, vamos supor que Judy lidere um grupo de design de banner para decorar a igreja. Seu ponto de comparação certamente não deve ser Michelangelo, mas a Judy designer de banners de um ano atrás. Ela melhorou? O que ela aprendeu este ano que não era capaz de fazer no ano passado?

Quando Philip toca piano, seu ponto de comparação não deve ser Richard Clayderman. É muito mais produtivo para Philip dar o melhor que ele pode dar. E deve fazê-lo com cem por cento de sua energia e nem um pouco menos.

E quando Harvey inicia uma equipe de evangelismo, não precisa ficar frustrado porque Billy Graham foi um evangelista maior do que ele jamais será. Ele deve simplesmente se esforçar para ser o melhor Harvey que já evangelizou este mundo, e deixar para Billy ser o melhor Billy que já tenha evangelizado este mundo.

Vamos supor que Philip seja um pianista horrível. Após anos de trabalho duro, ele certamente deve ser capaz de melhorar de *horrível* para *menos horrível* – que é um verdadeiro progresso e deve ser apreciado como tal. E com mais trabalho ele pode até avançar de *menos horrível* para *médio* – mais um significativo passo à frente. Neste ponto, ele pode passar de *médio* para *acima da média* e, finalmente, (se não for muito velho nessa época) de *acima da média* para *excelente*. No entanto, procurar um padrão abstrato de excelência em todas as fases do seu desenvolvimento, não iria ajudá-lo, de modo algum, se o nosso objetivo fosse que ele melhorasse de forma consistente.

Os efeitos do progresso constante

Ter os resultados de cerca de 70 mil igrejas em nossos arquivos permite que a minha equipe e eu tracemos com precisão os efeitos mensuráveis de investimento em progresso qualitativo contínuo. A fim de avaliar os dados, separamos as igrejas de nossos arquivos em cinco categorias diferentes (em que o índice de qualidade expressa até que ponto essas igrejas aplicaram princípios DNI):

- Categoria 1: Igrejas com um índice de qualidade 21-34.
- Categoria 2: Igrejas com um índice de qualidade 35-49.
- Categoria 3: Igrejas com um índice de qualidade 50-64.
- Categoria 4: Igrejas com um índice de qualidade 65-79.
- Categoria 5: Igrejas com um índice de qualidade 80 ou mais.

Os resultados de igrejas da *Categoria 5* foram, como seria de esperar, espetaculares. Elas tiveram uma taxa de crescimento médio de 19,27 por cento ao ano. No entanto, ainda mais surpreendente foram os resultados das igrejas na *Categoria 3*. Mesmo essas igrejas alcançaram uma taxa de crescimento médio de 6,82 por cento ao ano (e não devemos esquecer que os dados incluem os sucessos e as falhas).

Mais na web:

Em 3colorsofleadership.org você encotrará respostas para as seguintes questões:

- *Como posso incluir os Recursos Práticos do DNI na Dinâmica de Mudança Espiritual?*
- *Onde posso encontrar mais informações sobre a média de crescimento que pode ser esperada como resultado de um processo do DNI?*

Para alguns, esses números médios do DNI podem não parecer impressionantes. Se você está buscando uma campanha publicitária, as chances são de que não encontre muita coisa na categoria "média". No entanto, pense por um momento em uma igreja que há dez anos tinha 20.000 mil pessoas participando. Mesmo que só tenham aplicado o DNI com consistência média (*Categoria 3*), teriam agora mais de 38.000 pessoas participando.

Estes são os resultados de nutrir um progresso constante. Ambos promissores e encorajadores, não?

Parte 3

Dinâmica de Mudança Espiritual— conversas capacitadoras

Não é suficiente apresentar os princípios de capacitação de liderança. O que nós precisamos é de um instrumento para nos ajudar a aplicar esses princípios – um que possa ser implementado no meio de nossas rotinas diárias, que não dependa de ensino preparatório longo, que não consuma energia adicional. Ao mesmo tempo, deve atingir fundo o suficiente para tocar o centro da personalidade – para ajudar as pessoas a ajustarem seu norte magnético, para que possam viver todo o seu potencial, para liberar um processo de multiplicação, resultando não apenas em frutos, mas no aumento da fecundidade. Isto é a Dinâmida de Mudança Espiritual.

O que é Dinâmica de Mudança Espiritual

Qual é o seu objetivo, agora que você chegou a este ponto de As 3 cores da liderança? Muito provavelmente, seu principal interesse não é explorar as nuances da teoria de desenvolvimento de liderança (embora muito mais esteja disponível sobre esse assunto em 3colorsofleadership.org). Em vez disso, você está ansioso para aplicar o que aprendeu. E isso, na verdade, é menos difícil do que pode parecer.

Vamos supor...

Vamos supor que você tenha concluído o **Teste de Capacitação**. Ele lhe deu uma indicação clara de quais são seus pontos fortes e suas áreas de crescimento. Você sabe em qual dos seis traços de asas características você se sente mais confortável, uma vez que elas vêm naturalmente. Você também sabe quais das asas características são atualmente mais complicadas para você.

Vamos supor também que você seja **responsável por várias pessoas**, talvez 5 ou 12, ou 400, ou 20.000, e deseja capacitá-las. Você sabe que algumas delas – certamente muito mais do que aquelas atualmente cientes – têm potencial de liderança, e você gostaria de ajudá-las a liberar totalmente esse potencial.

Vamos supor, ainda, que alguns desses **líderes potenciais também concluíram o Teste de Capacitação**. Assim, você sabe exatamente quais são suas áreas de crescimento pessoal. Imagine-se na situação deles. Não seria incrível ter alguém ao seu lado que tenha exatamente as informações disponíveis para eles que você tem? Uma pessoa que está ansiosa, disposta e capaz de ajudá-lo a dar o próximo passo decisivo em direção a maximizar seu potencial de liderança? A Dinâmica de Mudança Espiritual foi desenvolvida para fazer exatamente isso. Claro, se você ainda não incentivou alguém a fazer o Teste de Capacitação, ainda pode usar tudo isso na sessão da Dinâmica de Mudança Espiritual.

Dinâmica de Mudança Espiritual e Dinâmica de Mudança Plus

Nos últimos anos, tenho deliberada e estrategicamente investido em vários treinadores. Como resultado, cheguei a um método de capacitação propositalmente concebido para ser um estágio. Você não precisa ser um especialista em coaching ou psicologia para aplicar os princípios básicos da Dinâmica de Mudança Espiritual.

A Dinâmica de Mudança Espiritual é uma abordagem orientada por princípio com base nas seis fases do Ciclo do DNI (veja o gráfico na página à direita). Como tal, ela pode ser combinada com qualquer modelo de treinamento ou terapia. Nas seções chamadas *Dinâmica de Mudança Plus*, vou dar exemplos da minha caixa de ferramentas de coaching pessoal, demonstrando como as noções básicas de Dinâmica

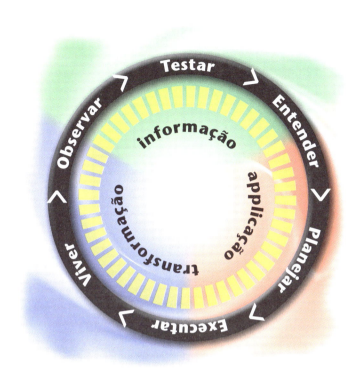

Representação gráfica do Ciclo DNI que define as seis fases fundamentais de qualquer processo de mudança: observar, testar, entender, planejar, executar e viver. Neste diagrama, as três cores simbolizam um foco na informação (verde), aplicação (vermelho), e transformação (azul).

de Mudança Espiritual podem ser combinadas com uma infinidade de técnicas de treinamento ou de aconselhamento. Claro que, essas técnicas avançadas não significam de modo algum princípios (que todos têm que aplicar), mas simplesmente ferramentas que podem ou não ser úteis para você, dependendo das suas experiências e da situação que você tem que enfrentar. No entanto, a base da Dinâmica de Mudança Espiritual descreve princípios que se aplicam a todos.

Dinâmica de Mudança Espiritual é mudança

Eu optei pelo termo Dinâmica de *Mudança* Espiritual. Algumas pessoas têm me criticado por isso, argumentando que o objetivo de mudança pessoal não é atraente o suficiente. Mudança implica questionar seu status quo, deixar sua zona de conforto e dar atenção a suas áreas problemáticas. Mais de uma vez eu ouvi: "Christian, isso simplesmente não é atraente o suficiente. Chame de *Dinâmica de Poder*, e suas perspectivas irão aumentar dramaticamente".

Eu não tenho dúvida alguma de que mais pessoas estariam interessadas em Dinâmica de Poder do que em Dinâmica de Mudança (e tendo em conta os resultados, o termo Dinâmica de Poder não seria completamente errado). No entanto, quero trabalhar com pessoas interessadas em *mudança* pessoal. Ao nomeá-la Dinâmica de Mudança Espiritual, fica claro desde o início que espero mudança, e espero que a pessoa que estou procurando capacitar trabalhe para a mudança. Quando comunico essa expectativa, deliberadamente opto por parecer exigente. Tanto a minha linguagem verbal quanto minha linguagem corporal são caracterizadas por essa expectativa – uma atitude que, em si, libera capacitação de energias.

Dinâmica de Mudança Espiritual é uma técnica capacitadora que permite que as pessoas liberem todo o seu potencial – em primeiro lugar, ajudando-os a definir seus objetivos, e em segundo, apoiando-os na realização desses objetivos. A Dinâmica de Mudança Espiritual destaca e dramatiza a falha entre o potencial (metas) de uma pessoa e seu status quo. Em seguida, ela ajuda a preencher essa lacuna.

Por uma questão de simplicidade, uma vez que existem muitos termos possíveis que poderiam ser usados, no restante deste livro, vou me referir à pessoa que você está se esforçando para capacitar como *aprendiz*, e me referir a você (ou seja, a pessoa que aplica a Dinâmica de Mudança Espiritual) como o *líder* ou *líder capacitador* ou, mais simplesmente, como você.

Os três elementos fundamentais da Dinâmica de Mudança Espiritual

A Dinâmica de Mudança Espiritual consiste em muitos blocos de construção diferentes. No entanto, há três componentes fundamentais:

1. Fazer perguntas

Pode parecer trivial, mas a simples arte de fazer perguntas é um componente incrivelmente poderoso. A Dinâmica de Mudança Espiritual é um tipo específico de comunicação com base em escuta atenta e fases de silêncio deliberado, seguida de perguntas que levam o aprendiz a dar um passo decisivo à frente. O objetivo dessas questões não é principalmente para o líder obter informações, mas para dar ao aprendiz impulsos capacitadores para o seu processo de mudança. A Dinâmida de Mudança Espiritual pode ser descrita como um método "Socrático" de comunicação. Sócrates, sem dúvida um dos maiores filósofos, não era tão preocupado com ensinar *filosofia*, mas ensinar os outros a *filosofarem*. Como filho de uma parteira, ele via seu próprio papel em analogia ao da profissão de sua mãe – ele não estava produzindo conhecimento próprio, mas ajudando os outros a darem à luz suas próprias descobertas.

2. Liberando o potencial que já está lá

A Dinâmica de Mudança Espiritual baseia-se na convicção de que Deus deu a cada indivíduo todos os recursos necessários para o crescimento pessoal e a realização do potencial pleno. Aqueles que estão familiarizados com o Desenvolvimento Natural da Igreja irão reconhecer esse poderoso princípio como crescimento "por si só". O desafio do crescimento "por si só" é identificar e liberar recursos próprios muitas vezes não identificados. Essas dinâmicas estão ilustradas pelo "desenho das rodas quadradas" na página à direita. Os recursos não descobertos são simbolizados pelas rodas redondas que estão dentro do carrinho. Nossa principal tarefa como líderes capacitadores é ajudar as pessoas (a) a descobrirem

Mais na web:

Em 3colorsofleadership.org você encontrará respostas para as seguintes questões:

- *Quais escolas de filosofia mais influenciaram o desenvolvimento da Dinâmica de Mudança Espiritual (Plus)?*

- *O que podemos observar da forma pela qual Jesus tentou ajudar as pessoas a mudarem?*

O carro com as rodas quadradas é uma ilustração do princípio "por si só". Quando capacitamos outras pessoas, nossa tarefa não é empurrar ou puxar o carro, mas ajudar as pessoas a descobrirem os recursos (rodas redondas) que já estão dentro deles e colocá-los nos lugares certos.

esses recursos, (b) a implementá-los, e (c) a manterem-se de forma consistente no caminho até que atinjam seus objetivos. O ponto principal por trás do crescimento "por si só" é a convicção de que foi Deus quem transmitiu todos os recursos de que precisamos.

3. A dimensão espiritual

A Dinâmica de Mudança Espiritual pressupõe que o poder de Deus será liberado quando nos fixarmos em seus princípios. Um líder que se esforça para capacitar outra pessoa deve estar disposto a se tornar "Cristo" para aquela pessoa. Ao longo de todo o processo, sua tarefa mais importante como líder é apresentar Cristo, para que o aprendiz vivencie Cristo através de você. Entendida desta forma, a Dinâmica de Mudança Espiritual é mais do que apenas a comunicação entre o líder e o aprendiz. É comunicação entre o líder e o aprendiz na presença de Deus, com a expectativa de que Deus se torne presente para seu aprendiz no meio de sua interação.

Treinamento prático

A Dinâmica de Mudança Espiritual é o acompanhamento ideal para o Teste de Capacitação. Ela assume o que o teste deixa de fora (ou seja, com seus resultados e, potencialmente, os resultados de seu aprendiz) e ajuda tanto você quanto ele a crescerem nas áreas de suas maiores necessidades.

A Dinâmica de Mudança Espiritual foi concebida como um método de capacitação individual que pode ser utilizado tanto formalmente (por exemplo, dentro de um relacionamento de mentoreamento oficial ou de coaching) quanto informalmente. Você pode aplicá-la enquanto está sentado em uma reunião, tomando uma xícara de café com um amigo ou escrevendo uma mensagem de texto para um membro da igreja.

O grande artista Michelangelo, quando questionado sobre como foi capaz de criar uma obra-prima como Davi em uma rocha de aparência feia, respondeu: "A escultura sempre existiu dentro da pedra. Eu simplesmente esculpi a rocha em volta dela". Para mim, esta é a descrição mais precisa da nossa tarefa como líderes capacitadores.

Dinâmica de Mudança PLUS: Além do básico

Para o restante deste livro, os conceitos básicos de Dinâmica de Mudança Espiritual estão deliberadamente apresentados de maneira que podem ser postos em prática por qualquer pessoa, sem necessidade de formação específica, seja em treinamento, aconselhamento, comunicação ou psicologia. Basicamente, você está fazendo perguntas de estímulo de crescimento.

Multiplicação de liderança pela Dinâmica de Mudança Espiritual

Na minha aplicação pessoal da Dinâmica de Mudança Espiritual, cuido para me concentrar nos conceitos básicos, de modo que meus aprendizes entendam o que estou fazendo e por que estou fazendo isso. Esse foco no básico vai motivá-los a aplicar a mesma abordagem em sua área de responsabilidade – permitindo que haja um processo de multiplicação. No entanto, não me limito a esses princípios. Gostaria de encorajá-lo a fazer o mesmo. Se estiver familiarizado com certas técnicas de aconselhamento ou de treinamento, você pode facilmente integrá-los no quadro da Dinâmica de Mudança Espiritual.

Na seção Dinâmica de Mudança Plus de cada capítulo descrevendo uma das diferentes fases da dinâmica de mudança espiritual, forneço insights sobre minha caixa de ferramentas pessoal de capacitação. Estas seções destinam-se a ilustrar como os princípios básicos da dinâmica de mudança espiritual podem ser combinados com uma grande variedade de diferentes métodos – tanto aqueles que descrevi quanto outros com os quais você esteja familiarizado. Nenhuma das técnicas descritas nesta seção é imprescindível – elas são exclusivamente destinadas a atuarem como ilustrações, que foram propositalmente moldadas por minhas experiências pessoais.

Abordando a mente inconsciente

Em meu próprio ministério, tenho percebido a necessidade de abordar não apenas o lado racional da mente consciente, mas também a mente inconsciente. Nas escolas de treinamento clássicas, essa dimensão é, por vezes, negligenciada. O que eu quero evitar são discussões que principalmente, ou até mesmo exclusivamente, aplicam métodos racionais e verbais combinados com uma relação de confiança unilateral na vontade humana, enquanto não percebemos as dinâmicas dentro de nós que estão fora do esquema bem ordenado da razão ou da força de vontade.

Os desenvolvimentos mais recentes em psicologia, neurologia e pesquisa cerebral me convenceram da importância da mente inconsciente quando se trata de mudar os processos. Somente a aprendizagem cognitiva não é suficiente para alcançar mudanças sustentáveis no nível das atitudes e comportamentos. Desde que comecei a abordar de forma proativa a mente inconsciente enquanto capacito

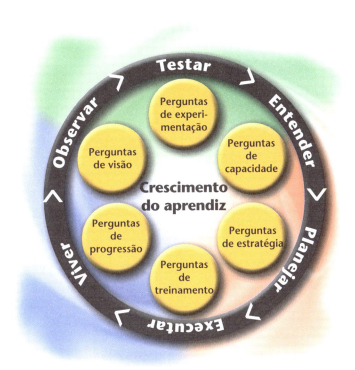

Cada uma das seis fases do Ciclo do DNI corresponde a um conjunto de perguntas de Dinâmica de Mudança Espiritual dirigidas a ajudá-lo no processo de implementação. As fases do ciclo no círculo preto são os passos necessários para o aprendiz (ou você) crescer. Os botões amarelos são o tipo de perguntas que você pode usar para ajudá-los a alcançar cada um. Os próximos seis capítulos irão explicar, em detalhes, como cada conjunto de perguntas da Dinâmica de Mudança Espiritual pode ser aplicado na prática.

os outros, tanto a velocidade quanto a sustentabilidade do processo de capacitação têm aumentado dramaticamente.

Quando nos dirigimos à mente inconsciente, temos a oportunidade de ativar os recursos internos não identificados que Deus já transmitiu aos nossos aprendizes. Além disso, dá aos aprendizes a oportunidade de experimentar novos padrões de comportamento *in sensu* (em sua imaginação), antes de praticá-los *in vivo* (na realidade).

Uma caixa de ferramentas em vez de um sistema

Nas seções de *Dinâmica de Mudança Plus*, abordaremos o papel da mente inconsciente. Você não tem que adotar qualquer uma dessas técnicas. Os princípios básicos da dinâmica de mudança espiritual podem ser aplicados sem elas. No entanto, se você tem experiência em integrar a mente inconsciente no seu aconselhamento, ou gostaria de fazê-lo, pode achar estas sugestões úteis. Elas podem inspirá-lo a combinar esses ou outros métodos que você aprendeu na sua aplicação pessoal da Dinâmica de Mudança Espiritual. Se você quiser aplicar algumas das técnicas descritas na *Dinâmica de Mudança Plus*, recomendo que faça download das instruções muito mais detalhadas para cada uma dessas técnicas em 3colorsofleadership.org.

Embora eu queira encorajá-lo a aprender todas as noções básicas da Dinâmica de Mudança Espiritual – concentrando-se particularmente sobre as áreas em que você é *menos* experiente (veja página 42) – por favor, trate as seções de *Dinâmica de Mudança Plus* meramente como uma caixa de ferramentas, a partir da qual você escolhe os instrumentos que melhor se ajustam ao seu estilo pessoal ou às atuais necessidades de seu aprendiz.

Perguntas de visão

No início, pode parecer surpreendente que as *Perguntas de visão* estejam relacionadas à *Fase Observar* do Ciclo do DNI (veja o diagrama à direita). No entanto, essa combinação é essencial. A Dinâmica de Mudança Espiritual não começa com a percepção da realidade empírica (que, na maioria dos casos, é equivalente a uma consciência dos problemas). Em vez disso, ela começa com possibilidades de futuro – não apenas *falando* sobre o futuro, mas *percebendo* o futuro como uma parte essencial da realidade. Dessa forma, desenvolvemos olhos espirituais que reconhecem plenamente, mas podem ver além das circunstâncias atuais.

Começando com soluções

O ponto de partida da Dinâmica de Mudança Espiritual é um "sustento futuro". Claro que você não ignora a realidade presente com seus problemas. Em vez disso, você se esforça para se aproximar dessa realidade deliberadamente, a partir de um momento futuro em que os problemas terão sido resolvidos e os objetivos, atingidos. Isso define o tom correto do princípio: Dinâmica de Mudança Espiritual (em todas as seis áreas) não é *fugir* dos problemas atuais, mas mover-se *na direção* de algo além, isto é, do futuro. Você não é mais uma vítima do seu passado; está escolhendo ser cada vez mais determinado pelo seu futuro. Assim, a imagem de seu futuro de acordo com o plano de Deus torna--se cada vez mais a causa de alterações efetivas no presente.

Antoine de St. Exúpery, autor do famoso *O Pequeno Príncipe*, descreveu a necessidade desse desejo pelo futuro de forma insuperável: "Se você quer construir um navio, não chame as pessoas para juntar madeira, ou atribua-lhes tarefa e trabalho, mas ensine-os a ansiar pela infinita imensidão do oceano".

A "pergunta do milagre"

Em algumas escolas de treinamento, especialmente treinamento sistêmico, uma intervenção padrão é a chamada "pergunta do milagre." Quando aplico essa ferramenta, relaciono-a com a oração respondida: "Vamos supor que você vá para casa depois da nossa reunião e volte à sua rotina. Em algum momento, você vai para a cama e dorme. No meio da noite algo extraordinário acontece – um milagre. Deus responde às suas orações e traz todas as mudanças que discutimos em nossa sessão de treinamento. No entanto, quando você acorda não tem conhecimento de que esse milagre aconteceu. Como você vai perceber que Deus respondeu suas orações? O que você estaria fazendo de forma diferente do que o normal?"

Ao fazer esta pergunta, você pode ajudar seus aprendizes a terem seu ponto de partida de um futuro em que Deus interveio dramaticamente. Isso lhes permite ver seu futuro como uma realidade alternativa

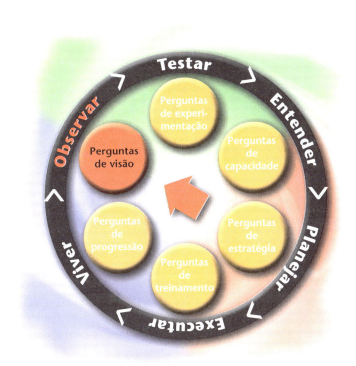

*Na Dinâmica de Mudança Espiritual, a **Fase Observar** do ciclo está direcionada por **Perguntas de visão**. A observação, nesse caso, se concentra mais em possibilidades futuras do que em dificuldades passadas.*

de acordo com o plano de Deus. Ao explorar o que eles fariam de maneira diferente se um milagre fosse acontecer, você os desafia a perceber o futuro antecipado em termos de padrões alterados de comportamento. Ao falar sobre essas realidades, o aprendiz irá experimentar com antecedência as emoções associadas com o futuro esperado. As emoções reservadas para amanhã são, portanto, dirigidas para trás em sua realidade presente.

Sinais anteriores do futuro antecipado

O desafio, quando se olha para o passado dessa perspectiva futura, é estar atento a sinais anteriores de um futuro antecipado. Eles podem aparecer como exceções para o comportamento usual dos aprendizes. Usando a metáfora do "desenho das rodas quadradas" (página 103), identifique situações em que seus aprendizes anteriormente aplicaram os recursos ("rodas redondas") que estão dentro deles – situações em que eles experimentaram um pouco da realidade que esperam experimentar mais plenamente no futuro.

Sua tarefa como líder é ajudar o aprendiz a ter em conta todos os detalhes daqueles momentos excepcionais. Gaste um tempo considerável explorando-os. Olhe para eles de todos os ângulos imagináveis. Pergunte aos seus aprendizes o que eles estavam sentindo durante esse tempo, e também o que eles sentem quando os discutem com você. Isso aumenta a consciência deles de que padrões alternativos de comportamento já são uma parte das suas vidas.

Dinâmica de Mudança PLUS: Além do básico

Meus aprendizes sabem que experimentar – não apenas discutir – o futuro previsto é de extrema importância para mim. Normalmente tento fazer uso de todas as ferramentas que se possa imaginar, a fim de ajudá-los a experimentar – muito antes que tenha se tornado uma realidade – o que um dia se tornará realidade para eles. Isto se baseia no pressuposto de que, para a mente inconsciente, não faz diferença se nós experimentamos algo só na nossa imaginação ou no mundo empírico; o efeito sobre a aprendizagem e a influência sobre nossas emoções é praticamente o mesmo.

A estrada da vida de Rafael

Por vários meses, tenho trabalhado com um advogado de 30 anos de idade a quem chamarei de Rafael. Em nossa sessão de treinamento inicial era evidente que ele não tinha um único sentimento positivo sobre seu futuro de médio e longo prazo. Meditei em como ajudá-lo a "experimentar" mais de seu futuro, com a expectativa de que, com isso, daria novas perspectivas para ajudá-lo a trabalhar em sua problemática presente.

Em uma de nossas sessões de treinamento, usamos um rolo de 15 metros de papel de parede para criar uma estrada da vida. Usando grandes letras e símbolos, Rafael indicou o que considerava serem os principais eventos de sua vida. Enquanto falava sobre esses eventos, eu o desafiei a experimentar novamente os sentimentos relacionados a cada um. Seguindo o maior evento recente, localizado no final do primeiro terço do rolo, ele pintou uma linha preta grossa (indicando o presente). No outro lado da linha em duas colunas, pedi que ele escrevesse as perspectivas futuras tanto para sua vida pessoal (coluna da esquerda) quanto sua vida profissional (coluna da direita). Limitei-me a fazer perguntas que, em grande parte, estimulassem sua criatividade sobre seu futuro: "O que mais? Como exatamente? Quanto mais?" Então colocamos o papel de parede no chão, caminhamos sobre ele, ficamos em silêncio por um tempo, oramos, olhamos do futuro para trás em seu passado (e vice-versa), enquanto fisicamente tomávamos as posições correspondentes.

Antes de nossa reunião, eu havia pedido a Rafael que selecionasse fotografias que representassem os principais eventos de sua vida. Pedi que colocasse as fotografias sobre os pontos correspondentes da sua estrada da vida. Depois selecionamos algumas fotos que poderiam representar o futuro de Rafael ("É assim que eu gosto de mim mesmo. É Rafael no seu melhor"). Enquanto fazíamos isso, nossas conversas assumiram um caráter bastante

Mais na web:

Em 3colorsofleadership.org você encontrará respostas para as seguintes questões:

- *Por que a fase Observar do ciclo do DNI neste contexto lida com a percepção do presente em vez da realidade futura?*

- *Como podemos conseguir uma cópia do e-book, Estradas da vida na Dinâmica de Mudança Espiritual?*

meditativo, como: "Agora ambos estamos 15 anos mais velho, você tem 45 anos de idade, Deus tem feito muito em sua vida, e ambos estamos em pé no futuro olhando para trás, para o presente, observando o dia de hoje...", etc.

Progressão de tempo

A próxima coisa que pedi para Rafael fazer foi deitar-se no chão ao lado do papel de parede, colocando sua cabeça no "futuro", a maior parte de seu corpo no "presente" e seus pés no "passado". Convidei-o a fechar os olhos e fazer uma viagem imaginária em uma realidade futura, ajudando-o a ouvir, tocar, cheirar e ver, o mais colorido possível, cenas futuras que ele já havia trabalhado. Pedi a ele para descrever cada detalhe que percebia. A partir dessa perspectiva, também olhamos para alguns dos problemas com os quais ele estava lidando no presente, mas os localizamos no passado: "Eles estão lá, nós podemos vê-los, mas isso é passado; é o velho Rafael atrás da linha preta. Neste ponto, você já atravessou essa linha".

Raramente percebi Rafael tão harmonioso como naquela situação. Pela primeira vez em nosso processo de treinamento, ele exalava enorme determinação, acompanhado por uma grande força interior. Sua voz assumiu um tom diferente do habitual – muito mais ligado à terra, e audivelmente mais madura. No final da nossa sessão não acabamos nossa viagem imaginária retornando ao ponto de partida, mas literalmente "aterrizamos" no futuro, porque, em um sentido muito real, ele agora tinha passado a "linha negra" – ele tinha entrado em sua realidade futura.

Permanecendo no futuro

Após essa viagem mental no tempo, parecia que um interruptor havia sido girado dentro de Rafael. Foi detectado tanto em suas ações quanto em seus sentimentos. Na verdade, ele começou a viver o mesmo futuro que tinha começado a experimentar em nossa sessão de treinamento. Até a voz mais madura se manteve praticamente a mesma após nossa viagem no tempo mental.

Em nossas sucessivas sessões através do Skype, não me comuniquei com ele de maneira muito diferente do que o fiz durante toda a viagem imaginária: continuei com um sugestivo – e em parte, altamente redundante – estilo de comunicação. Não lhe dei qualquer oportunidade para sair do futuro que já tinha começado a se tornar uma realidade para ele.

Expliquei essas experiências para Rafael assim: "Seu subconsciente já recebeu atribuições que estão sendo realizadas passo a passo, quer você esteja ciente disso ou não. Agora você se sente atraído por seus objetivos, como por uma força magnética. Você está se movendo gradualmente para o futuro que Deus tem em mente para você". Deixei claro que não fui eu quem deu à sua mente inconsciente essas atribuições, mas ele mesmo, porque eu tinha apenas usado as sugestões que ele tinha escrito no papel de parede de antemão.

Exemplos de perguntas de visão para fazer a si mesmo e aos outros

Liberar a visão de outros	Lançar uma visão

Tendência A: Asa de capacitação mais fraca, asa de liderança mais forte

Liberar a visão de outros	Lançar uma visão

Tendência B: Asa de capacitação mais forte, asa de liderança mais fraca

Liberar a visão de outros	Lançar uma visão

Tendência C: Asas de capacitação e liderança aproximadamente as mesmas

Perguntas de Tendência A

- Ao falar com as pessoas, quanto tempo você gasta de sua própria agenda, e quanto da delas?
- Até que ponto o estimula ver os outros seguirem os sonhos deles? Quão grande é sua paixão por ajudar os outros a liberarem seu potencial?
- Você normalmente resolve os problemas de outras pessoas, ou os ajuda a descobrir suas próprias soluções?
- Quando as pessoas crescem além de sua capacidade, como você se sente?
- Você pede principalmente para outras pessoas para ajudá-lo a cumprir os seus objetivos, ou se esforça para capacitá-los a fim de realizarem a visão pessoal deles?
- (*Em uma série de reuniões de Dinâmica de Mudança:*) O que melhorou após a última sessão? O que mais? Qual desses detalhes o agrada mais? O que você fez para ter esse progresso?

Perguntas de Tendência B

- O que você fez nos últimos três meses para ajudar os outros a verem o quadro geral do que está acontecendo ao redor deles? O quão consciente eles estão sobre o fato de que estão contribuindo para um significativo propósito comum (a "catedral")?
- Qual é a sua visão pessoal? Explique, descrevendo o seguinte: (1) o problema, (2) a solução, (3) a razão pela qual alguma coisa

deve ser feita, (4) porque você começou a fazer alguma coisa, e (5) porque os outros devem se envolver.

- Que tipo de sacrifício pessoal você tem feito a fim de ver sua visão se tornar uma realidade? Quais sacrifícios você precisa fazer no futuro? As outras pessoas percebem que você, literalmente, vive e morre pela sua visão?
- Se alguém sob sua liderança for convidado para resumir sua visão, o que diriam?
- Quantas vezes você já foi criticado por decisões ou ações que firmemente acreditava serem necessárias para criar um futuro melhor? Você já ouviu outros dizerem que seus planos são impossíveis? Como você costuma lidar com esse tipo de crítica?

Perguntas de Tendência C

- Em uma escala de 1 a 10, 10 indicando o cumprimento de sua visão em toda a sua extensão; 1, o oposto – onde você se colocaria neste momento? (*Suponha que a resposta seja 6:*) qual é a diferença entre um 6 e um 5 ou 4? Vamos supor que a sua resposta se torne um 7: O que você estaria fazendo, então, que não faz agora?
- Se, em uma escala de 1 a 10, 10, indicando a pessoa que você gostaria de ser; 1, o oposto – onde você iria colocar-se neste momento? (*Suponha que a resposta seja 1:*) o que você seria se fosse um 0 ou -1?
- Houve momentos em que você teria avaliado melhor a si mesmo? Qual você diria que foi o melhor valor que já alcançou? O que você estaria fazendo diferente naquela época? Que percepções daquela experiência poderiam ser úteis para você hoje?
- Como você visualiza o resultado final do que você está fazendo? Descreva as emoções que você tem em relação àquele estado. Os outros sentem emoções semelhantes? Por que sim ou por que não?
- Qual é o contexto mais amplo (a "catedral") para o qual você está contribuindo? Como exatamente você contribui para esse quadro geral?
- Qual é a sua primeira reação quando se depara com uma barreira? Frustração ou a expectativa de superar essas barreiras?
- O quão animado você está sobre o que está fazendo? As outras pessoas sentem sua emoção?
- Vamos supor que Deus vá responder suas orações por um futuro melhor. Como você saberá que foram respondidas?

Perguntas de experimentação

Você não pode esperar que seus aprendizes desenvolvam um espírito de experimentação enquanto você escolhe continuamente um caminho seguro. Somente na medida em que seus aprendizes observam curiosidade, coragem para se arriscar, predisposição para ensinar e uma vontade de cometer erros e aprender com eles em sua vida, eles vão encontrar a coragem para experimentar.

Contrariamente à crença comum de que a experimentação é algo que as pessoas fazem enquanto são imaturas, na realidade é uma indicação de aumento da maturidade. Por essa razão, os líderes que estão frustrados pela "imaturidade" das pessoas ao seu redor, precisam considerar se sua própria falta de experiência pode ser, de fato, a raiz do mesmo problema que os irrita.

Aprender a ser transparente

Se você se esforça para dar a impressão de que não comete erros, está definitivamente apresentando o modelo errado para seus aprendizes. Não há dúvida de que todos – especialmente os líderes – devem se esforçar para ir cada vez mais em direção à perfeição (Mt 5.48), mas sabemos que nenhum ser humano jamais se tornará perfeito. A fim de ajudar os outros a crescerem, é particularmente essencial que os líderes revelem suas imperfeições.

Na dinâmica de mudança espiritual, você não só fala sobre os erros dos *seus aprendizes* e o que pode ser aprendido deles; você também fala sobre os *seus próprios* erros e como você aprendeu e continua a aprender com eles. Somente através de sua própria transparência, você criará um clima em que seus aprendizes possam compartilhar abertamente *tanto* suas vitórias *quanto* seus contratempos com você. Quando se trata de experimentação, esse tipo de transparência é o ingrediente mais importante.

Criando um clima de experimentação

Eu tento moldar esse espírito de experimentação sempre que dou conferências. Quero que as pessoas me vejam como alguém que está ciente das suas limitações, comete um monte de erros, e está ansioso para aprender (e por *constantemente fazer isso* tem ficado um pouco mais atento!). Quando as pessoas veem essa atitude em mim, ficam muito mais abertas aos exercícios experimentais arriscados que sugiro. Por outro lado, quanto mais os participantes me percebem como um superstar – sim, às vezes há pessoas estranhas que tentam me forçar a este molde! – mais inibidas ficam em experimentar.

Eu me considero uma pessoa criativa. No entanto, minha maior meta não é ser criativo (e demonstrar os resultados da minha criatividade para os outros), mas iniciar processos criativos em tantas

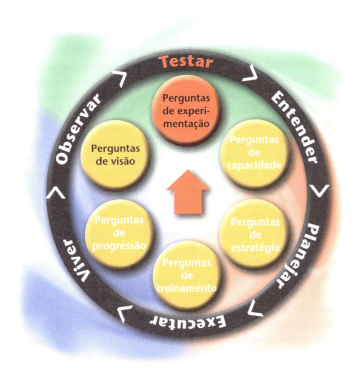

*Na Dinâmica de Mudança Espiritual, a **Fase Testar** do Ciclo é abordada por **Perguntas de experimentação**. O foco é expandir o âmbito de possibilidades experimentando com padrões incomuns de comportamento.*

pessoas quanto possível. Não há quase nada tão contraproducente para estimular um espírito de experimentação do que uma atitude de admiração por um líder "inventivo".

Alargar o âmbito de possibilidades

Na Dinâmica de Mudança Espiritual, uma das maneiras mais fáceis e mais efetivas de iniciar um espírito de experimentação é ajudar seus aprendizes aumentarem o âmbito de possibilidades. Ao trabalhar para resolver um problema ou alcançar um objetivo, a maioria das pessoas tende a concentrar sua energia em encontrar uma única e perfeita solução. Meus aprendizes sabem que eu sempre espero que eles cheguem a pelo menos dez ideias, incluindo as extremas e bizarras. Fazer um processo de brainstorming das muitas ideias no início os ajuda mais tarde a descobrir qual será a melhor.

Frequentemente ouço: "Dez ideias? Eu só pensei em três e já estou sem ideias". Minha resposta implacável é: "Se você está sem ideias, então é certamente tempo de chegar com pelo menos mais dez". Então, é claro, eu lhes dou uma mão no processo de brainstorming. Isso pode ser tão trivial como perguntar: "E o que mais?... E o que mais?" Neste ponto eu simplesmente permito que eles tenham tempo e tranquilidade suficientes para refletir sobre essa pergunta. Eles podem me olhar nos olhos como quem diz: "Eu não faço a menor ideia", mas sei que, nesse momento, algo importante está ocorrendo profundamente dentro deles: sua mente inconsciente (e às vezes sua mente consciente também) está analisando todas as suas experiências passadas em busca de novas ideias. Esses processos de análise interna podem demorar um pouco – seu aprendiz pode não estar ciente de que isso está acontecendo – por isso, tome cuidado para não interrompê-lo, seja para fazer mais perguntas ou fornecendo ideias suas.

É gratificante observar como alguém que está convencido de que é impossível chegar a mais de uma ou duas soluções para um problema, pode produzir uma lista de vinte ou trinta ideias depois de 30 minutos de perguntas: "E o que mais?", seguidas por um período de silêncio que permite tempo para uma varredura interna. Dois terços dessas ideias podem ser inúteis, mas, por esse processo, a qualidade do um terço que é utilizável será maior. E muitas vezes é a combinação de duas ideias "inúteis" que mais tarde resulta em um grande avanço.

Dinâmica de Mudança *PLUS*: Além do básico

Fazer uso de dramatizações é um dos métodos mais eficazes e surpreendentemente fáceis que frequentemente aplico em treinamento. Às vezes os preparo com cuidado. Outras vezes, eles vêm a mim de improviso.

Os benefícios da dramatização

A dramatização dá a seu aprendiz a maravilhosa oportunidade de experimentar novos comportamentos em um ambiente relativamente livre de risco – afinal de contas, é apenas um "jogo". Com a ajuda de dramatizações, mesmo pessoas que têm uma mentalidade extremamente forte e segura têm a oportunidade de aprender a correr riscos – primeiro através da dramatização, mais tarde, na vida real. Isso, se acompanhado por um feedback contínuo, pode iniciar processos de aprendizagem extremamente profundos.

As dramatizações desenvolvem a importante habilidade de perceber o mundo a partir de uma perspectiva pouco familiar. Elas não só nos ajudam a *pensar* sobre como a outra pessoa pode se sentir (normalmente projetando nossos próprios sentimentos sobre a outra pessoa), mas também ajudam a nos *tornarmos* a outra pessoa, mental e emocionalmente, e experimentar seu mundo a partir dessa perspectiva, por um período limitado de tempo. As possibilidades de aprender e crescer através de dramatizações são infinitas.

O cenário clássico: "Assuma o meu papel"

A maneira mais fácil, mais confiável de dramatizar é espontaneamente trocar os papéis com seu aprendiz. Se o ambiente permitir, você pode fisicamente fazer isso trocando as cadeiras enquanto está trocando papéis. Então você se move, com toda a sua imaginação, para o papel de seu aprendiz, e começa a tratá-lo da mesma forma que ele ou ela geralmente se dirige a você. Observar você em seu papel ajuda seu aprendiz a, automaticamente, mudar para o seu papel.

Gosto de aplicar essa técnica sempre que estou com a impressão de que meus alunos estão esperando de mim algo que deveriam fornecer por conta própria. Por exemplo, em uma sessão com uma líder de denominação, eu tinha feito tudo o que podia para incentivá-la a chegar às suas próprias respostas para suas perguntas, mas foi em vão. Ela não conseguia parar de me colocar na posição do perito que tem todas as respostas. Ela disse: "Christian, você sabe de tudo isso muito melhor. Basta me dizer o que eu tenho que fazer. Estou mais do que pronta para seguir o seu conselho".

Naquele momento (para efeito dramático), eu pulei da minha cadeira, puxei-a pelo braço com um aperto firme, arrastei-a para fora de sua cadeira e sentei-a abruptamente na minha cadeira. "Você agora é Christian", gritei com ela. "Você é a pessoa que sabe tudo isso muito melhor. Agora sou Lisa, a pastora luterana desesperada. Agora, Christian, me diga o que tenho que fazer. Estou mais do que pronta para seguir o seu conselho".

Demorou um pouco para Lisa superar sua perplexidade devido ao meu desabafo colérico, mas depois ela sorriu assim como eu costumo fazer nestas situações, olhou nos meus olhos e disse: "Lisa, você sabia as respostas mesmo antes de vir para esta reunião. Basta colocá-las em prática. Comece na próxima segunda-feira. É isso". Depois de formular essa resposta, Lisa riu. E, de fato, ela tinha identificado outra "roda redonda" dentro do "carro" dela. A dramatização a ajudou a colocá-la no lugar certo.

> **Mais na web:**
> *Em 3colorsofleadership.org você encontrará respostas para as seguintes questões:*
> - *Quais são as precauções mais importantes para se ter em mente quando encorajar a experimentação?*
> - *Como posso conseguir uma cópia do e-book, **Dramatizações em Dinâmica de Mudança Espiritual**?*

Mais do que apenas um jogo

Há inúmeros cenários de dramatização. Você pode assumir o papel de uma pessoa com a qual seu aprendiz tenha dificuldade (deixando o aprendiz "interpretar" a si mesmo, e, em seguida, trocando os papéis). Quando o aprendiz estiver lutando para tomar uma decisão, vocês podem assumir o papel de dois debatedores – você defendendo uma opção; o aprendiz, a outra. Se você identificou uma voz específica dentro do seu aprendiz que constantemente o arrasta para baixo, pode assumir o papel daquela voz de uma forma exagerada, até que seu aprendiz compreenda sua dinâmica. Em algumas situações, você pode até desafiá-lo a adotar o papel de Cristo, pedindo-lhe para ministrar a seu aprendiz.

A dramatização (role play, em inglês) é uma ferramenta de experimentação maravilhosa devido ao seu aspecto mais enganoso e assim, convidativo – seu nome. Na verdade, ela definitivamente não é um *jogo* (play, em inglês).

Exemplos de perguntas de experimentação para fazer a si mesmo e aos outros

Permitir erros	Aprender com os erros

Tendência A: Asa de capacitação mais fraca, asa de liderança mais forte

Permitir erros	Aprender com os erros

Tendência B: Asa de capacitação mais forte, asa de liderença mais fraca

Permitir erros	Aprender com os erros

Tendência C: Asas de capacitação e liderança aproximadamente as mesmas

Perguntas Tendência A

- Você sente que sua abordagem para a liderança é especialmente atraente para pessoas criativas? Se assim for, o que essas pessoas apreciam em você? Se não, o que você poderia fazer para tornar-se (seu trabalho) mais atraente para as pessoas criativas?

- Geralmente, qual é sua reação quando confrontado por uma situação confusa? Você tenta evitar tais situações ou até mesmo encontra prazer em criá-las?

- Gosta de correr riscos ou é cauteloso? Explique. Que tipo de pessoas são atraídas por você – pessoas que se arriscam ou as cautelosas? Você valoriza a atitude de assumir riscos em outras pessoas? Como você pode aumentar o nível de risco para si mesmo e para os outros?

- As pessoas se sentem à vontade para falar com você sobre os erros delas? O que você pode fazer para que se sintam mais confortáveis?

- Quão fácil é para você admitir seus erros?

- Você fala tanto sobre as coisas que deram errado em sua vida quanto sobre seus sucessos? Por que ou por que não?

- Até que ponto você incentiva de forma proativa as pessoas a experimentarem novos e diferentes métodos? A buscarem alternativas que nunca foram tentadas antes?

- Que coisas novas você deve fazer para trabalhar nas áreas de sua vida que estão mais precisando melhorar?

- O que você faria se tivesse muito mais dinheiro ou tempo? Se você fosse o chefe?
- O que você fez para criar um ambiente de aprendizagem de forma proativa, em que as pessoas sejam encorajadas a cometer erros? O que você poderia fazer no futuro a fim de contribuir para um ambiente como esse?

Perguntas de Tendência B

- Como você costuma reagir quando vê as pessoas cometerem sempre o mesmo erro?
- Como você descreveria sua estratégia principal para ajudar as pessoas a crescerem? Quão eficaz tem sido essa estratégia? Que evidências do crescimento você vê entre as pessoas pelas quais é responsável?
- Você está ciente de áreas nas quais cometeu muitas vezes os mesmos erros? Como outros podem ajudá-lo a detectar essas áreas?
- Quanto de sua energia/tempo você gasta ajudando os outros a identificarem erros e aprenderem a evitá-los? Quão eficaz você é em ajudar os outros a aprenderem com seus erros?
- Com que frequência você recebe feedback sobre seu próprio desempenho? Quem oferece esse feedback? Quão honesto e competente ele é?
- Pense nas pessoas que demonstram claramente que não estão dispostas a aprender ou melhorar. Quão confortáveis elas se sentem em sua presença?
- Se o que você acredita ser a "melhor maneira" não funciona, o que seria um "plano B" realista?
- Quão fácil é para você aprender com as críticas? De que maneira você poderia melhorar nessa área?

Perguntas de Tendência C

- Em uma escala de 1 a 10, como você classificaria sua honestidade para falar sobre os erros de outras pessoas? E para falar sobre seus próprios erros? Quão fácil é para você ser honesto nisso?
- Até que ponto os outros o percebem como um eterno aprendiz? Como eles estão cientes do fato de que você está aprendendo coisas novas? O quão efetivamente você comunica seu próprio entusiasmo para aprendizagem contínua, incluindo aquela por tentativa e erro?
- O que você poderia fazer na prática para fornecer novos desafios de aprendizagem (para si mesmo e para os outros)?
- O que você nunca fez que valeria a pena fazer a fim de experimentar crescimento pessoal?

Perguntas de capacidade

O propósito das *perguntas de capacidade* é ajudar seus aprendizes a entenderem como eles funcionam melhor (o mesmo se aplica, é claro, a você como líder). Essas perguntas estão relacionadas à *Fase Entender* do Ciclo do DNI (veja o diagrama à direita).

Sua tarefa é ajudar as pessoas a descobrirem seus pontos fortes e seus pontos fracos. Expressas nas categorias do "desenho das rodas quadradas" (página 103), as *perguntas de capacidade* têm três grandes funções:

1. Descobrir a multiplicidade de rodas redondas que já estão no carro – **os pontos fortes da pessoa**.

2. Identificar as rodas quadradas que estão erroneamente colocadas – **os pontos fracos que devem ser superados**.

3. Identificar o tipo de rodas que simplesmente não são parte de seus próprios carros – **fraquezas que têm de ser aceitas**.

A princípio pode parecer fácil fazer a distinção entre uma força e uma fraqueza. Em uma observação mais atenta, porém, as coisas são consideravelmente mais complexas – ou deveríamos dizer, elas ficam mais interessantes?

"Eu simplesmente tive mais sorte do que todos os outros"

Um dos pioneiros da psicologia foi Milton H. Erickson (1901-1980), que foi considerado por muitos como um dos mais influentes psicólogos no século 20. Para além da suas contribuições científicas, ele era um conselheiro incrivelmente bem-sucedido. Aqueles que o conheciam, atribuíam seu sucesso principalmente à sua enormemente desenvolvida capacidade de observação. Ele via coisas que ninguém mais poderia ver, e utilizou esses insights para ajudar seus clientes a liberarem seu potencial.

Quando Erickson foi questionado sobre como foi capaz de desenvolver seu dom de observação, ele respondeu: "Ah, eu simplesmente tive mais sorte do que todos os outros. Quando jovem, tive paralisia, então tive que ficar de cama e aquilo me deu muito tempo para observar as pessoas com atenção". Esta foi a sua experiência quando tinha 17 anos e contraiu poliomielite pela primeira vez. Ele foi amarrado à sua cama e, por um ano, não pôde usar qualquer parte de seu corpo, exceto os olhos. Assim, ele observava sua enfermeira, seus pais e seus oito irmãos. Ao fazê-lo, ele começou a desenvolver suas extraordinárias habilidades de observação. O segundo evento ocorreu anos mais tarde, quando ele contraiu poliomielite uma segunda vez – seus lábios e língua nunca funcionaram normalmente outra vez e, no final, ele foi obrigado a ficar em uma cadeira de rodas.

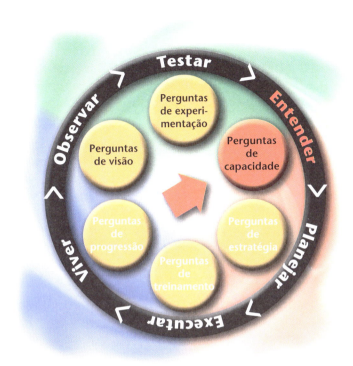

*Na Dinâmica de Mudança Espiritual, a **Fase Entender** do ciclo está direcionada a **Perguntas de capacidade**. O foco é descobrir recursos e limitações previamente desconhecidos.*

Quando Erickson, referindo-se a esses incidentes, dizia: "Eu simplesmente tive mais sorte do que todos os outros", ele realmente queria dizer isso. Sem essas experiências, nunca teria desenvolvido seu enorme dom de observação.

Parece quase irônico que o mesmo homem cuja voz era tão difícil de entender, acabou por ser chamado de "o maior comunicador do mundo". O exemplo de Erickson pode soar extremo; porém é típico de muitos empreendedores extraordinários. Eles aprenderam a transformar suas limitações em recursos.

Reformulando as experiências negativas

Compartilhei a história de Erickson em detalhes, porque é uma ilustração que uso regularmente para ajudar meus aprendizes a entenderem o que eu quero dizer com "reenquadrar experiências negativas". É possível ajudar seus aprendizes a desenvolverem essa habilidade – fazendo-lhes as perguntas corretas e fornecendo continuamente dados que os ajudem a perceber como recursos o que os outros (e eles próprios) poderiam, de outro modo, considerar limitações.

Esse é o cerne do meu ministério de capacitação pessoal. Tomo quase todas as experiências – desde uma tão dramática quanto uma infância traumática, até uma tão banal como uma chave perdida –

como uma oportunidade para ajudar meus aprendizes a abordarem suas experiências a partir de uma nova perspectiva. Na verdade, as informações compartilhadas durante as fases de bate-papo dos procedimentos de treinamento são especialmente valiosas para mim a esse respeito. As trivialidades mundanas que todos experimentam são oportunidades ideais para descobrir recursos nas limitações.

A maior parte do que lidamos com certeza não é tão dramático quanto com o que Erickson experimentou. Um aprendiz pode mencionar um telefonema desagradável... uma prova fracassada... um problema financeiro... uma relação de trabalho difícil... um conflito na igreja... férias canceladas... ou simplesmente uma mera dor de cabeça... e nós tomamos como uma oportunidade de reformular tais experiências, perguntando: "O que é que essa experiência permite que você faça, que você provavelmente não faria de outra forma? Que recursos interiores poderiam ser alimentados somente porque você teve essa experiência?"

Depois de serem bombardeados com esse tipo de pergunta em uma infinidade de diferentes contextos, meus aprendizes não podem deixar de questionar a si mesmos.

Dinâmica de Mudança PLUS: Além do básico

Cada um dos principais livros do Desenvolvimento Natural da Igreja inclui pelo menos um teste (por exemplo, o *Teste dos Dons em três cores*, o *Teste do Fruto do Espírito*, o *Teste dos Estilos Espirituais*, o *Teste Comunitário* e o *Teste de Capacitação*, que faz parte deste livro). Nosso instituto investe uma enorme quantidade de energia no desenvolvimento de testes. Por quê? Em poucas palavras, para ajudar as pessoas a identificarem seus pontos fortes e suas fraquezas em todas as áreas imagináveis.

Técnicas de dimensionamento

No entanto, existem inúmeras áreas para as quais não existem tais testes, mas em que você gostaria de ajudar seus aprendizes a avaliarem sua capacidade, bem como seu progresso. Nessas situações, gosto de usar uma simples técnica de dimensionamento: em uma escala de 1 a 10, defino o que os números 1 e 10 representam e, em seguida, peço aos aprendizes para indicarem onde se colocam nessa escala.

Este tipo de escala é ótima para destacar nuances, para evitar respostas em preto e branco: "Estou tão deprimido." "Quão deprimido"? – "Temo que não possa fazer isso." "Quanto você teme?" – "Isso seria a coisa errada a fazer." "Quão errada?" – "Eu odeio essas situações." "O quanto você odeia?" O desafio de traduzir cada um desses "quantos" em um valor numa escala de 1 a 10, leva uma pessoa a um novo entendimento do problema em questão.

Áreas nas quais o dimensionamento pode ser aplicado

Técnicas de dimensionamento podem ser aplicadas em qualquer configuração que se possa imaginar. Aqui estão alguns exemplos:

- *Confiança no sucesso*: se em uma escala de 1 a 10, 1, indicando "sem confiança," e 10 "exatamente a confiança que eu preciso" – onde você se posicionaria neste momento?
- *Prontidão para trabalho*: Em uma escala de 1 a 10, o quão comprometido você está para trabalhar este problema? 10, você está pronto para fazer tudo o que for necessário; 1, você preferiria esperar e ver o que acontece.
- *Realização do objetivo*: se 10 indica: "Eu alcancei meu objetivo", e 1, o exato oposto, quanto você já progrediu?
- *Avaliação de sentimento*: Que sentimento esse pensamento evoca em você? Quão forte é esse sentimento em uma escala de 1 a 10?
- *Decisões*: Considere as três opções que você tem em mente. Em uma escala de 1 a 10, como você classificaria cada uma das opções em termos de alcançar seu objetivo?

Descobrindo nuances através de perguntas de dimensionamento

Depois de um pouco de prática, você vai aprender a formular perguntas de dimensionamento espontaneamente. Aqui estão alguns exemplos para desencadear sua própria criatividade:

- (*Se o aprendiz se dá um 1:*) Qual é a diferença entre 1 e, digamos, -2?
- (*Se as pessoas se dão uma classificação de -2:*) O que você está fazendo para evitar a queda para -5?
- Vamos supor que você classificasse a si mesmo com um ponto mais alto em algum momento no futuro. O que você estaria fazendo que não está fazendo no momento?
- Qual pergunta devo lhe fazer agora, a fim de ajudá-lo a conseguir um ponto mais alto na escala?
- Como você vai saber que se moveu um ponto mais alto na escala? O que você precisa fazer para conseguir esse um ponto?

> **Mais na web:**
> Em 3colorsofleadership.org você encontrará respostas para as seguintes questões:
>
> - Mais do que focar em pontos fortes e pontos fracos, não seria mais sábio olhar exclusivamente para os pontos fortes de alguém e ignorar os pontos fracos?
> - Como posso conseguir uma cópia do e-book, **Técnicas de dimensionamento na Dinâmica de Mudança Espiritual**?

Mais do que palavras

Sempre que a situação o permitir, gosto de dar aos aprendizes a oportunidade de experimentar fisicamente dinâmicas de dimensionamento, em vez de apenas falar sobre isso. Tenho uma pequena placa magnética de escala, que uso nas reuniões por Skype. Em encontros pessoais, gosto de usar uma escala de grandes dimensões que está pintada em um rolo de 15 metros de papel de parede. Isso permite que o aprendiz e eu andemos na escala, o que pode intensificar a experiência de aprendizagem, especialmente quando se utiliza a escala para destacar progressos e retrocessos.

Exemplos de perguntas de capacidade para você e para os outros

| Avaliar os pontos fracos | Concentrar-se nos pontos fortes |

Tendência A: Asa de capacitação mais fraca, asa de liderança mais forte

| Avaliar os pontos fracos | Concentrar-se nos pontos fortes |

Tendência B: Asa de capacitação mais forte, asa de liderança mais fraca

| Avaliar os pontos fracos | Concentrar-se nos pontos fortes |

Tendência C: Asas de capacitação e liderança aproximadamente as mesmas

Perguntas de Tendência A

- Quais são os principais pontos fracos que você precisa resolver a fim de se tornar mais eficaz? Quais são algumas medidas práticas que você pode tomar para crescer nessas áreas?
- Quais são os pontos fracos/limitações que você simplesmente precisa aceitar (em vez de tentar superar)? De que maneira você poderia compensar os pontos fracos?
- Quais seriam as vantagens ocultas de seus pontos fracos?
- Como você tem ajudado outros a identificarem seus pontos fracos e a crescerem nessas áreas?
- Quantas vezes você já disse: "Eu não sei" nos últimos três meses? Como as pessoas respondem a você?
- É fácil para você admitir sua própria incerteza? Por que ou por que não?
- Como os outros se sentem quando falam sobre seus pontos fracos perto de você?

Perguntas de Tendência B

- Quais são os seus três dons espirituais principais? Até que ponto você usa esses dons em seu ministério atual? De que outras formas eles poderiam ser usados?
- Que porcentagem de seu ministério/trabalho é baseada em seu principal ponto forte? Se for inferior a 80 por cento, que passos práticos você deve tomar a fim de se concentrar mais em seus pontos fortes?

- Para quem você poderia delegar tarefas que não fazem parte do seu dom?
- Quanto tempo você investe na melhoria de seus dons? O que você está fazendo para crescer continuamente nessa área?
- Você tende a ver nas pessoas um potencial que elas próprias não veem? Descreva as vezes quando você discerniu o potencial de alguém antes que eles o tenham alcançado.
- Quão consistentemente você incentiva (e ajuda!) outros a se concentrarem em seus pontos fortes?
- Que experiências de vida negativas fizeram de você quem você é hoje?
- Quando confrontado com situações desfavoráveis, até que ponto você é capaz de perceber e utilizar os aspectos positivos delas?
- Até que ponto as pessoas percebem que você acredita firmemente em suas habilidades e em sua capacidade para criatividade?
- Em que cenário – igreja, trabalho, família, etc., – você precisa investir suas forças reais de forma mais eficaz? Que mudanças poderiam ser feitas em seu ambiente, a fim de dar um passo adiante nesse sentido?

Perguntas de Tendência C

- Que ferramentas de avaliação você já usou para identificar seus pontos fortes e fracos, ou os dos outros? O que você fez para tirar consequências práticas a partir dos resultados dos testes? Quão consistente você tem sido em acompanhamento e concretização?
- Os outros são capazes de perceber seus pontos fortes e seus pontos fracos? O que faz com que seja fácil, ou difícil, falar sobre seus pontos fortes e fracos?
- Com que frequência as pessoas lhe dão feedback (incluindo feedback crítico)? O que você poderia fazer para aumentar a quantidade e a qualidade desse feedback?
- No momento, o que funciona bem e o que não funciona bem em sua vida? Quais são os recursos (internos e externos) que podem ajudá-lo a melhorar em ambas as áreas?
- O que o faz ter tanta certeza de que certas características de sua vida são pontos fortes, e outras, pontos fracos? Podem alguns dos seus pontos fortes também ser considerados pontos fracos, e vice-versa? Explique.
- Idealmente, o que você faria com sua vida se pudesse ter certeza de que não iria falhar?

Perguntas de estratégia

Na Dinâmica de Mudança Espiritual, *Perguntas de estratégia* combinam as duas dimensões da definição de objetivos e análise da situação atual. Dê uma olhada no gráfico à direita. Você vai ver que *Perguntas de estratégia* estão posicionadas diretamente opostas às *Perguntas de visão*. As *Perguntas de estratégia* estão preocupadas com movimento, passo a passo, da visão para a realidade. No entanto, a fim de fazer esse tipo de planejamento estratégico, é de grande vantagem ter à mão as informações obtidas através das *perguntas de Experimentação e de Capacidade*.

Critérios básicos para o planejamento estratégico

A Dinâmica de Mudança Espiritual pode ser usada para facilitar o planejamento estratégico em todos os seus aspectos. Vamos supor que você esteja prestes a apoiar seus aprendizes no processo de alcançar seus objetivos. Durante todo o processo, será útil discutir as seguintes questões:

- *O alcance do objetivo está sob sua influência?* Como vimos na página 75, um dos critérios mais importantes de um bom objetivo é que os resultados estão sob a influência dos que são responsáveis pela realização do respectivo objetivo. Nem todo resultado desejável faz um bom objetivo. Autorrealização e felicidade, por exemplo, são os resultados desejáveis, mas objetivos pobres.

- *Qual é o objetivo de longo prazo por trás de cada objetivo individual?* Sempre pergunte: "Por que esse objetivo tem que ser alcançado? Para qual objetivo maior ele contribui?" Se não houver um objetivo maior, você deve ficar cético se é um objetivo necessário.

- *Você selecionou seus objetivos a partir de uma lista mais ampla de opções?* Na maioria dos casos, um objetivo maior pode ser alcançado através da busca de uma variedade de subobjetivos. Desenvolva uma lista mais longa de subobjetivos antes de decidir qual deles perseguir (ver página 113).

- *Existe energia suficiente para alcançar meus objetivos?* A fim de responder a esta pergunta, é importante analisar a situação atual com cuidado. Que recursos estão disponíveis? Em muitos casos, é necessário reduzir (em vez de aumentar) o número total de objetivos, a fim de concentrar a energia existente o mais estrategicamente possível.

- *Será que o cumprimento desse objetivo indica um progresso significativo em relação à atual situação?* Você sempre deve medir seus objetivos pela situação atual, que deve ser analisada o mais cuidadosamente possível. O progresso resultante, comparado com a situação atual, deve ser evidente o suficiente para fazer do investimento de energia o mais vantajoso possível. Por outro lado, os objetivos não devem ser definidos irrealisticamente altos.

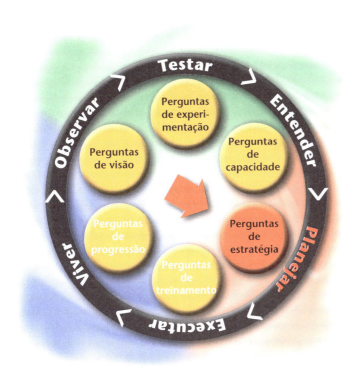

Na Dinâmica de Mudança Espiritual, a **Fase Planejar** do ciclo está direcionada pelas **Perguntas de estratégia**. O foco é definir metas para o futuro e avaliar a brecha entre aqueles objetivos e a realidade presente.

- *Será que o objetivo concentra-se na realização de um estado desejado, em vez de na ausência de um problema?* Ao analisar a situação atual, normalmente você vai identificar uma série de problemas que gostaria de eliminar. No entanto, um objetivo nunca deve ser definido como a ausência de um problema. Se os seus aprendizes querem afastar-se de algo, desafie-os sempre a responder à pergunta: O que você gostaria de *avançar*?
- *O objetivo é mensurável?* Quem vai medir isso, e quando? Como vai avançar em direção ao objetivo a ser medido?

Dinâmica de Mudança PLUS: Além do básico

As pessoas que gostam de "planejamento estratégico" tendem grosseiramente a superestimar a capacidade da mente consciente e crítica nesse processo. Dessa forma, elas subestimam ou são ainda alheias à mente inconsciente. Pesquisas atuais sobre o funcionamento do cérebro têm revelado que, frequentemente, muita reflexão crítica resulta em decisões *piores* do que se não ouvesse reflexão.

Essa descoberta é tão fundamental que exige um pouco de explicação. Afastar-se da confiança ilimitada na mente crítica não é, como era no passado, uma expressão de uma atitude romântica, anti-intelectual. Muito pelo contrário. É o resultado de intensa pesquisa.

Descobertas recentes de pesquisas sobre o cérebro

Pesquisas indicam que, mesmo aqueles de nós que estão cem por cento convencidos de que tomamos decisões com nossa mente crítica, consciente, na verdade chegamos às nossas decisões usando a mente inconsciente. A "decisão consciente" não é nada mais do que ouvir o que a mente inconsciente tem trabalhado de antemão. Em outras palavras, a mente consciente não é o chefe (mesmo que esteja convencida de que é), mas simplesmente o *porta-voz* que anuncia uma decisão de que a mente inconsciente tem feito.

O problema é que, ao longo da reflexão crítica prolongada, aspectos que podem ser *facilmente verbalizados* ganham cada vez mais importância, enquanto os aspectos que são enviados de nossa mente inconsciente (que muitas vezes não são fáceis de verbalizar) são cada vez mais vistos com críticas. No entanto, o fato de alguns aspectos da realidade serem mais facilmente expressos em palavras, não significa que sejam mais importantes ou decisivos.

Para evitar mal-entendidos, tanto a mente consciente quanto a inconsciente são necessárias para a tomada de decisão. Ambas têm seus pontos fortes, e ambas têm suas limitações. Enquanto a mente consciente (por boas razões) só armazena as experiências consideradas relevantes, a mente inconsciente armazena basicamente tudo o que já viu, ouviu, tocou, cheirou ou provou. Enquanto a mente consciente funciona a uma velocidade de 60 bits por segundo, a inconsciente alcança uma velocidade de 11,2 milhões de bits por segundo. Enquanto a mente consciente é muito mais precisa, a inconsciente tem mais profundidade e amplitude.

Utilizando a mente inconsciente na tomada de decisão

A mente inconsciente transforma continuamente informações em intuição. Após a mente inconsciente ter condensado essas informações, envia uma mensagem breve para a mente consciente, sem as mil páginas anexas que contêm todas as referências e notas de rodapé. A mente inconsciente não funciona ilogicamente – segue sua própria lógica. A lógica da mente inconsciente trabalha nos bastidores. Por isso, ao tomarmos uma decisão intuitiva, geralmente não conseguimos explicar *como* chegamos a essa decisão.

Pesquisas indicam que as **melhores decisões** são tomadas quando você (1) utiliza seu espírito crítico, ou seja, coleta informações e formula perguntas precisas, (2) dá à sua mente inconsciente tempo suficiente para processar essa informação e compará-la com o restante de informação que tem armazenado, e (3) chega a uma decisão intuitiva com base em (1) e (2). As **segundas melhores decisões** são tomadas por simplesmente aplicar o passo (3), ou seja, seguir

---

Mais na web:

Em 3colorsofleadership.org você encontrará respostas para as seguintes questões:

- *Qual é a relação entre a mente consciente e a inconsciente na Dinâmica de Mudança Espiritual?*

- *Como posso conseguir uma cópia do e-book, Tomada de decisão intuitiva na Dinâmica de Mudança Espiritual?*

completamente os sentimentos do momento. As **piores decisões** são tomadas quando você somente aplica o passo (1), ou seja, você chega a uma decisão após um longo período de reflexão racional.

As três fases da "tomada de decisão intuitiva"

Essas descobertas revolucionaram a forma como chego à tomada de decisão. Nos últimos três anos, tenho investido considerável energia em estudar o funcionamento do cérebro humano, e especialmente a mente inconsciente, e tenho trabalhado arduamente para integrar minhas descobertas básicas na Dinâmica de Mudança Espiritual. Sempre que aprendizes têm que tomar uma decisão pessoal, para a qual múltiplas soluções são eticamente confiáveis, caminho com eles através dos três passos seguintes:

1. **Alimente sua mente com informações suficientes.** Nesta fase, use a lógica e a razão em toda a sua extensão, certificando-se, como cristão, que você não negligencie os padrões bíblicos ou o sábio conselho de outros. Formule a pergunta que você precisa que seja respondida com a maior precisão possível. Este passo é essencial, até mesmo para a mente inconsciente, que pode funcionar 186.000 vezes mais rápido do que a mente consciente. Não se pode tomar boas decisões se não tiver as informações necessárias de antemão.

2. **Descontinue outras reflexões e faça algo completamente diferente.** Esta fase é estrategicamente importante, porque dá à sua mente inconsciente a oportunidade de percorrer todas as suas experiências anteriores. Seu espírito crítico tem armazenado apenas um pouquinho dessa informação. Você pode nunca lembrar-se conscientemente do restante, mas está dentro de você e pode ser utilizado por sua mente inconsciente, se você permitir tempo suficiente.

3. **Tome uma decisão intuitiva.** Faça o que "parece certo". No entanto, faça-o em função das duas fases precedentes.

Apoio em todas as três fases

Ao aplicar esta Dinâmica de Mudança Espiritual, eu me esforço para ajudar meus aprendizes por todas as três fases. Estou bem ciente de que as coisas decisivas acontecem na fase 2; mas uma vez que este passo é realizado pela mente inconsciente, não temos maneira de controlar essas dinâmicas. Nós simplesmente temos que dar tempo suficiente e os resultados desses processos inconscientes vão cair como maçãs maduras no colo da mente consciente. Em outras palavras, a mente inconsciente se certifica de que as maçãs cresçam, e vai decidir quando elas estão maduras.

As soluções que surgem com a aplicação deste programa parecem vir sobre nós de repente; mas, na realidade, são os resultados de um longo processo inconsciente. Essa intuição muitas vezes revela sabedoria que a mente consciente, por si só, não é capaz de alcançar.

Exemplos de questões de estratégia para perguntar a si mesmo e aos outros

Analizar a situação presente		Definir metas

Tendência A: Asa de capacitação mais fraca, asa de liderança mais forte

Analizar a situação presente		Definir metas

Tendência B: Asa de capacitação mais forte, asa de liderança mais fraca

Analizar a situação presente		Definir metas

Tendência C: Asas de capacitação e liderança aproximadamente as mesmas

Perguntas de Tendência A

- Que medidas você aplicou (ou aplica rotineiramente) para avaliar sua situação atual? Que medidas você aplica para avaliar seu grau de progresso?

- O que você faz para ajudar as pessoas a medirem seu estado atual em relação ao seu potencial dado por Deus?

- Quando você pensa em seu nível de satisfação com uma determinada situação, quais são os padrões que você (explícita ou intuitivamente) aplica?

- Quão cuidadosamente você analisa os fatores mais relevantes de uma decisão antes de chegar a uma conclusão ou fazer planos?

- Em uma escala de 1 a 10, avalie o quanto você está disposto a trabalhar para alcançar um objetivo específico (10, estou disposto a dar, literalmente, tudo; 1, não estou disposto a trabalhar duro para isso). Se sua classificação for inferior a 8, faria sentido reformular seu objetivo?

- Quão familiarizado você está com os fatores que motivam as diferentes pessoas que estão sob sua liderança? De sua perspectiva, por que cada pessoa sob sua liderança deve se esforçar para alcançar as metas que foram estabelecidas?

Perguntas de Tendência B

- Que metas você está atualmente se esforçando para alcançar? Até que ponto esses objetivos cumprem os critérios SMART (específicos, mensuráveis, atingíveis, realistas, com prazos determinados [na sigla em inglês])?

- Até que ponto a realização de seus objetivos realmente faz diferença em sua vida ou em sua parte do mundo?
- Em uma escala de 1 a 10, como você classificaria o nível de participação de cada pessoa sob sua liderança nas metas que estão se esforçando para alcançar? Por quê?
- Em uma escala de 1 a 10, como você classificaria sua eficácia em alcançar seus objetivos no tempo certo? Por quê?
- Quão eficaz você é em se concentrar nas atividades que terão o maior impacto?
- Quão claramente você comunica seus objetivos para as pessoas sob sua liderança? Que mecanismos você coloca em prática para monitorar a realização desses objetivos?
- Em que áreas você precisa reduzir a fim de liberar energia suficiente para alcançar seus objetivos? Com que frequência você avalia sistematicamente quais atividades devem ser eliminadas de sua lista de "coisas a fazer"? Que sentimentos você tem quando interrompe várias atividades?
- Até que ponto as pessoas sob sua liderança estão envolvidas na definição de metas? Quanta liberdade elas têm para decidir a melhor forma de alcançar seus objetivos definidos?
- Vamos supor que ao longo dos próximos três meses, você só seja capaz de atingir uma (duas, três) das metas que definiu. Que meta(s) seria essa?
- Você costuma debater uma ampla variedade de planejamentos potenciais antes de decidir qual deles mais efetivamente o levará aos seus objetivos?

Perguntas de Tendência C

- O que você poderia fazer, em termos práticos, para melhor avaliar a diferença entre sua realidade atual e as metas que pretende alcançar?
- Quais são os principais obstáculos que se interpõem entre sua realidade atual e as metas que você está se esforçando para alcançar?
- Em uma escala de 1 a 10, como você classificaria sua abordagem atual para o planejamento estratégico? Por quê?
- Quão importante é o planejamento estratégico para as pessoas sob sua liderança? Que ferramentas você fornece para que eles melhorem nessa área?
- Quando você tem que tomar uma decisão, que padrões éticos costuma aplicar? O que lhe dá a garantia de que tomou a decisão certa?

Perguntas de treinamento

Como vimos no capítulo sobre princípios de ensino e modelo (página 85), é essencial concentrar nosso ensino em princípios, no sentido estrito da palavra. Princípios são universalmente aplicáveis, independentemente do tempo, cultura ou tradição espiritual. Descobrir os princípios por trás do que ensinamos não é definitivamente algo que devemos esperar que nossos aprendizes façam. Esse é o nosso trabalho – talvez nosso principal trabalho – como professores.

A abordagem orientada por princípio do DNI

À medida que desenvolvemos as ferramentas DNI, o critério mais importante é que elas apresentam princípios universais, não apenas modelos (com potencial de sucesso). Este é o cenário fundamental de nossa pesquisa internacional e interdenominacional.

Uma vez que os princípios correspondentes foram *identificados*, nos esforçamos para *aplicá-los* a situações concretas – uma tarefa igualmente desafiadora. Por esta razão, o nosso instituto desenvolveu uma rede de treinadores que podem ajudar as igrejas locais e denominações inteiras nesse processo. Para o cristão individual, a Dinâmica de Mudança Espiritual foi concebida para preencher a lacuna entre os princípios universais e a situação concreta de seu aprendiz. É uma ferramenta que pode ser utilizada para guiar um aprendiz através de todos os temas que são abordados nos diferentes livros do DNI. Os livros apresentam os princípios universais, a Dinâmica de Mudança Espiritual o auxilia em sua aplicação a situações concretas.

O objetivo: a capacidade de autotreinamento

O objetivo da Dinâmica de Mudança Espiritual não é resolver os problemas das pessoas, mas ajudá-las a desenvolverem a capacidade de resolvê-los sozinhas. Isso não deve ser esperado desde o início, mas deve ser desenvolvido ao longo do tempo. Minha maneira favorita de ajudar as pessoas a compreender a importância de desenvolver uma capacidade de autotreinamento (em vez de olhar para mim como seu solucionador de problemas), é criar para elas um *alter ego*. Por alguma razão, decidi chamar este *alter ego* de Federico. A fim de ilustrar a forma como eu uso "Federico" no processo de capacitação, dê uma olhada em uma troca de mensagens de texto que tive com um de meus aprendizes, a quem chamarei de Benjamin.

Christian: Ontem me encontrei com Federico, que tem muitas coisas em comum com você. Eu realmente não sei como consultá-lo, mas você é mais qualificado para fazê-lo, uma vez que sua situação de vida é tão semelhante à de Federico. Seu maior problema é que ele não vê o enorme potencial que Deus colocou em sua vida. Benjamin, você realmente tem que me ajudar a consultar Federico.

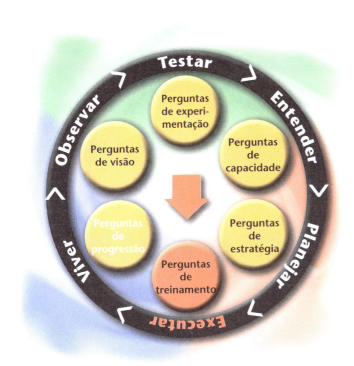

*Na Dinâmica de Mudança Espiritual, a **Fase Executar** do ciclo está direcionada pelas **Perguntas de treinamento**. O foco é aprender a aplicar os princípios em jogo de uma maneira cada vez mais autodirecionada.*

Benjamin: Hahaha, boa piada. Obrigado pelo elogio. Bom saber que você vê esse potencial em mim.

Christian: Não me entenda mal. Não estou falando sobre o seu potencial, mas sobre o de Federico. Você tem que me ajudar a convencer esse cara de que Deus o fez único, e espera que ele viva essa singularidade.

Benjamin: Hmm. Não tenho certeza se eu poderia ser de grande ajuda, já que estou lutando com a mesma coisa.

Christian: Você é a única pessoa que pode ajudar, uma vez que está exatamente na mesma posição em termos de idade, trabalho e experiência de igreja. Benjamin, ao longo dos últimos meses tenho investido muito em você. Agora é a sua vez de me ajudar com Federico. Você pode?

Benjamin: Claro que sim. Mas eu ainda não tenho certeza se você está ou não brincando comigo, Christian.

Christian: Brincando com você? Eu nunca faria isso. Eu simplesmente quero ajudá-lo a liberar todo o seu potencial, assim como eu me comprometo a ajudar Federico liberar todo o potencial dele. Você chamaria isso de brincadeira? Eu realmente preciso de sua ajuda. Posso contar com você?

Benjamin: Claro que pode.

Christian: Ok, sempre que tiver dificuldade com Federico, pedirei sua ajuda.

Na verdade, após esta troca de mensagens de texto, realmente pedi a Benjamin ajuda com Federico, e lhe pedi mais de uma vez. Ainda não tenho certeza se Benjamin realmente acredita que Federico existe. Ele provavelmente não acredita, mas isso não é importante. Benjamin começou a investir sua energia em ajudar Federico a cumprir seus objetivos, e Federico tem feito consideráveis progressos. Isso é o que conta.

Dinâmica de Mudança PLUS: Além do básico

Há uma noção generalizada em toda a literatura de terapia e de coaching que trata de um aprendiz quase como um ovo cru. De acordo com essa perspectiva, é considerado um pecado mortal provocar deliberadamente um aprendiz. Eu não compartilho dessa perspectiva. Quando corretamente aplicada, técnicas provocantes (de *pro-vocare* = chamar) podem ser excelentes formas de ajudar os aprendizes a liberarem o potencial que existe dentro deles.

O advogado do diabo

A técnica de provocação que aplico com mais frequência em Dinâmica de Mudança Espiritual é adotar o papel de advogado do diabo. Deixe-me dar-lhe um pequeno trecho de uma verdadeira sessão de treinamento que tive com Leah, uma senhora que tinha desenvolvido um forte hábito de se colocar constantemente para baixo.

Leah: Eu não acho que posso fazer isso. Eu simplesmente não sou bonita o suficiente.

Christian: Isso é verdade.

Lia: O que é verdade?

Christian: Que você não é bonita o suficiente. Eu diria que você é realmente feia. Você não percebeu? Sempre que falamos um com o outro, tenho que olhar para fora pela janela, porque não posso ficar olhando para seu rosto. É simplesmente tão incrivelmente feio, brrrrr.

Lia: Eu não diria que sou *tão* feia.

Christian: Não?

Você percebe como a dinâmica funciona? Se eu tivesse tentado convencer Leah o quão bonita ela realmente é, eu só teria perpetuado seu padrão ensaiado de apresentar todos os argumentos possíveis para defender sua autoimagem negativa. Ao adotar *seu próprio ponto de vista* em uma forma grosseiramente exagerada, sua guarda caiu completamente. Eu havia assumido seu papel, tornando-o não mais disponível para ela. E realizei esse papel muito melhor – muito mais extremo – do que ela podia. Fossem quais fossem as observações negativas que ela pudesse fazer sobre si mesma, ela podia ter certeza de que eu viria com algumas ainda mais drásticas. Devido às minhas provocações, ela simplesmente *tinha* que deixar seu papel típico. Ela teve que se defender.

Mais tarde, em nossa conversa (seguindo um momento semelhante de provocação), ela disse: "Christian, acredito que você está indo longe demais. Sou uma pessoa bastante atraente. Sempre ouvi isso dos outros. Se você tem dificuldade com a minha aparência exterior, é problema seu, não meu". Quando ouvi isso sair da boca de Leah, meu coração explodiu de alegria!

O lugar para perguntas sim/não

É certamente uma prática sensata de treinamento formular "questões em aberto" – aquelas que não podem ser respondidas por um simples sim ou não. Não "Você quer isso?", mas "Quão forte é o seu desejo de chegar lá?" Não "Você é mesmo assim?", mas "Como você descreve a si mesmo?", etc. No entanto, existem situações em que uma simples pergunta sim ou não deve ser a ferramenta de escolha.

No DNI ensinamos o seguinte: "Se você quer que sua igreja cresça, deve praticar certos padrões de comportamento que contribuam para o crescimento". Antes de discutir o que são esses "padrões de comportamento" em termos práticos, preciso saber se as pessoas querem que sua igreja cresça. Uma vez que esta questão tenha sido respondida, os próximos passos são evidentes por si mesmos. Tome-se, por exemplo, o seguinte diálogo com um bispo anglicano a quem chamarei de George:

George: Christian, eu não acho que os princípios que ensina caibam na minha teologia.

Christian: Você quer que sua igreja cresça?

George: Ah, essa pergunta é demasiado simplista. No contexto da nossa tradição...

Christian: Agora eu não estou interessado no contexto de sua tradição, mas simplesmente se você quer que a sua igreja cresça. Sim ou não?

George: Bem, na verdade eu não estou muito impressionado com algumas das chamadas igrejas em crescimento. Se você der uma olhada nos bastidores...

Christian: Sim ou não – responda à pergunta George! Sim ou não?

De um ponto de vista clássico de coaching, nesses 30 segundos de diálogo, eu tinha cometido todos os pecados imagináveis de treinamento simultaneamente: tinha formulado uma pergunta sim/não, altamente sugestiva. Eu tinha interrompido George. Eu havia indicado o meu desinteresse em explorar os temas que ele queria que estivessem sobre a mesa. Eu emanava impaciência. Claro, fiz tudo isso de propósito. Certamente não estou dizendo que este deve ser o nosso modo padrão em coaching. Mas há situações em que esse tipo de provocação é a coisa certa a fazer. Ela tem o poder de criar exatamente o tipo de crise que tem potencial para provocar uma mudança definitiva.

Mais na web:

Em 3colorsofleadership.org você encontrará respostas para as seguintes questões:

- *Quando técnicas provocativas devem ser aplicadas e quando não?*
- *Como posso conseguir uma cópia do e-book, **Técnicas de provocação em dinâmica de mudança espiritual**?*

Exemplos de perguntas de estratégia para fazer a si mesmo e aos outros

Ensinar os princípios	Formular os princípios

Tendência A: Asa de capacitação mais fraca, asa de liderança mais forte

Ensinar os princípios	Formular os princípios

Tendência B: Asa de capacitação mais forte, asa de liderança mais fraca

Ensinar os princípios	Formular os princípios

Tendência C: Asas de capacitação e liderança aproximadamente as mesmas

Perguntas de Tendência A

- Quão importante é para você que as pessoas sob sua liderança compreendam as razões para todos os procedimentos que você usa?

- O que você está fazendo, na prática, a fim de ajudar as pessoas a compreenderem os princípios subjacentes por trás do que estão fazendo, de modo que não venham a precisar do seu apoio no futuro?

- Com que frequência você encaminha as pessoas para ferramentas de treinamento fornecidas por outros? Quais têm sido suas experiências em fazer isso?

- Ao ensinar novos princípios, quão consistente você é em dar a seus aprendizes a oportunidade de colocá-los em prática imediatamente?

- Seu ensino inclui tanto conhecimento quanto know-how? Como você garante que as pessoas estão aprendendo não só os princípios, mas também como colocar esses princípios em prática diariamente?

- Como você avalia a eficácia do seu ensino?

- O que você está fazendo para ajudar as pessoas a entenderem os princípios bíblicos que são mais relevantes para a sua área de responsabilidade?

- A quais recursos (pessoas, ensinamentos, livros, etc) você recorre para determinar os princípios que são essenciais em uma determinada situação?

Perguntas de Tendência B

- Será que as pessoas sob sua liderança dizem que você pratica o que prega? Quem você acha que diria isso? Quem não diria?

- Em que áreas de sua vida você aplica mais consistentemente os princípios em que acredita? Em que áreas você precisa melhorar?
- Que oportunidades as pessoas têm para aprender sobre os princípios mais importantes, observando-os em sua vida e ministério? Com que frequência você lhes pede para avaliar a forma como faz as coisas?
- Como e quando as pessoas veem que você concorda totalmente com o que acredita e ensina? Que você está disposto a pagar qualquer preço para ver sua visão se tornar uma realidade? Que nada está abaixo de você? Que você não espera que os outros façam sacrifícios maiores ou assumam riscos maiores do que você está disposto a assumir?
- Quando os outros pensam sobre você, quais você diria que são as primeiras palavras (histórias, símbolos, etc) que vêm à mente? Com que precisão isso reflete os princípios que você se esforça para ensinar?
- Se alguém tivesse a oportunidade de observá-lo por 24 horas, o que aprenderia?

Perguntas de Tendência C

- Quão importante é para você continuar aprendendo e fazendo novas descobertas? Será que as pessoas sob sua liderança o percebem como um aprendiz constante?
- Você geralmente gosta de passar seu conhecimento para que os outros fiquem no mesmo nível que você, ou sente-se mais confortável operando em um nível mais elevado de conhecimento?
- As pessoas sob sua liderança estão amadurecendo? Quais são os sinais de que isso está acontecendo?
- Quais são os indicadores de que as pessoas estão assumindo cada vez mais responsabilidade e que seu apoio é cada vez menos necessário? Como esses processos poderiam ser intensificados?
- Que conselho você daria a um amigo que está lidando com o mesmo problema que você? O que a pessoa mais sábia que você conhece lhe diria para fazer? Qual seria seu conselho para mim se eu estivesse em sua posição?
- Você deseja ajudar os outros a encontrarem seu próprio caminho, ou prefere que sigam sua liderança?
- O que você vai fazer, na prática, para aplicar o que aprendeu? O que você gostaria de realizar até nossa próxima reunião?
- O que você fez desde a nossa última reunião para aplicar os princípios que trabalhamos? Que trabalho de casa seria um acompanhamento adequado à reunião de hoje? O que mais?

Perguntas de Progressão

Se falarmos de movimentos ousados ou crescimento gradativo, o progresso constante na vida de seus aprendizes (e, claro, em sua própria vida) é sempre o objetivo. A Dinâmica de Mudança Espiritual diz respeito a como manter o processo em movimento.

Nem todas as realidades da vida podem ser mudadas, mas a maioria pode (incluindo muitas daquelas que acreditamos serem inquebrantáveis). As famosas palavras de Reinhold Niebuhr resumem a abordagem de um cristão para mudar de uma maneira inigualável: "Deus, conceda-me a serenidade para aceitar as coisas que eu não posso mudar, coragem para mudar as coisas que posso e sabedoria para saber a diferença". Tornei um hábito fazer esta oração, sempre que me preparo para uma sessão de Dinâmica de Mudança Espiritual.

Destacando pequenos progressos

Anteriormente, na página 120, discutimos técnicas de escala como uma ferramenta para avaliar onde você atualmente está em seu desenvolvimento, em comparação com onde você esteve no passado e onde você gostaria de estar no futuro. Aplicar técnicas de escala permite que você meça o resultado final ("Será que o objetivo foi alcançado?") e monitore seu progresso ao longo do caminho: Quão mais perto do objetivo você chegou? Como você pode alcançar o próximo passo (ou ponto na escala)? Você atingiu um patamar? Você já teve um revés?

Uma técnica simples, mas eficaz, para comunicar sua expectativa para o progresso constante é abrir cada sessão de Dinâmica de Mudança Espiritual, perguntando: "O que mudou desde o nosso último encontro?" Não pergunte: "Houve alguma mudança?", mas, "*O que* mudou?" Talvez as mudanças tenham sido apenas microscopicamente pequenas. Se assim for, você fala sobre essas pequenas mudanças, mas ainda fala sobre mudanças, sobre o progresso, sobre o crescimento.

Dinâmica de Mudança P L U S :
Além do básico

A Dinâmica de Mudança Espiritual não é, de modo algum, limitada a encontros face a face. As técnicas de Dinâmica de Mudança podem ser aplicadas usando todo tipo imaginável de comunicação.

Dinâmica de Mudança Espiritual através de mensagens de texto

Minha política pessoal é que as pessoas que estou treinando tenham acesso ilimitado a mim através de mensagens de texto. Prometo-lhes que respondo a cada mensagem de texto imediatamente, se possível. Não posso dar essa promessa a todos; mas dou regularmente àqueles a quem eu tenha me comprometido em capacitar.

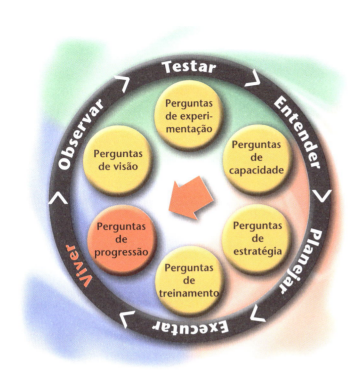

*Na Dinâmica de Mudança Espiritual, a **Fase Viver** do ciclo está direcionada pelas **Perguntas de progressão**. O foco é experimentar crescimento constante, tanto através de movimentos ousados quanto através de crescimento gradativo.*

Ao longo dos últimos anos tenho aprendido que mensagens de texto, se aplicadas corretamente, podem aprofundar consideravelmente o processo da dinâmica de mudança espiritual. Meu objetivo ao usar mensagens de texto em dinâmica de mudança espiritual pode ser resumido nos três pontos seguintes:

1. Coerência na aplicação

As mensagens de texto são curtas. Não é o lugar para discussões intelectuais. Isso pode parecer uma desvantagem. No entanto, a pura necessidade de ser breve – e rápido – também é uma vantagem. Você pode usar mensagens de texto para enviar rápidos estímulos aos seus aprendizes, exatamente no momento em que esses estímulos terão o seu maior efeito.

As mensagens de texto são ideais para firmar os acordos que seu aprendiz já havia feito com você. No processo de implementação, eles podem servir como um lembrete constante de que você realmente espera progresso.

- *Christian*: Olá, esta irá tornar-se definitivamente uma das noites mais desafiadoras de sua vida. Portanto, no final do dia você será uma pessoa diferente. *Aprendiz*: Você provavelmente está certo. Acho que vale a pena.
- *Christian*: Espero que você tenha tido uma boa noite de descanso. Estou ciente dos desafios diante de você hoje, e estou orando por você. Se você tiver algum pedido de oração específico, me avise. *Aprendiz*: Na verdade, se eu pudesse me controlar para não ficar com raiva de novo, me sentiria muito diferente sobre as coisas.

- *Christian*: Seu objetivo para hoje é chegar a 10 pontos na escala. Quais são as suas ações concretas para fazer isso acontecer? *Aprendiz*: Obrigado por perguntar. A meta de 10 pontos foi, provavelmente, um pouco ambiciosa demais. Não tenho certeza se vou fazer isso. *Christian*: Essa não foi a minha pergunta. Pelo contrário, a pergunta foi, o que vai fazer para isso acontecer? *Aprendiz*: Eu acho que a única maneira é começar imediatamente, e não parar até que eu alcance meus 10 pontos. *Christian*: Envie-me uma mensagem de texto quando tiver atingido 10 pontos.

2. Reformulando

Quando os aprendizes me enviam mensagens de texto, podem compartilhar circunstâncias atuais, mas, em muitos casos eles têm uma questão que está incomodando e para a qual esperam uma resposta. Raramente dou respostas. Em vez disso, eu me esforço, tão coerentemente quanto possível, em tirar proveito desses momentos para reformular as experiências dos aprendizes (Veja a página 119).

- *Aprendiz*: Eu caí de novo – outro revés! *Christian*: Outra prova de que você tinha feito progressos antes. Meu filho mais velho está em uma classe de Tae-Kwon-Do. Uma das técnicas mais importantes do Tae-Kwon-Do é como cair bem.
- *Aprendiz*: Que pena, perdi meu voo e tenho que esperar quatro horas no aeroporto. *Christian*: Espere Deus falar com você de uma forma inesperada durante as próximas quatro horas.
- *Aprendiz*: Finalmente estamos em férias. No entanto, o clima está terrível. *Christian*: O que este tipo de clima permite que você faça, que não faria de outra forma?
- *Aprendiz*: Este culto não fala comigo de forma alguma. É uma imposição para mim! *Christian*: observação interessante. O que isso lhe diz sobre suas próprias deficiências e áreas para o crescimento?

Depois de ter aplicado técnicas de reformulação por um tempo, elas tornam-se tão naturais (e fáceis!) que você vai descobrir que elas têm um tremendo efeito sobre a sua própria vida também. As mensagens de texto que digita em seu telefone celular para as outras pessoas vão mudar sua própria percepção da realidade. Uma vez que você entre no modo de reformulação, vai descobrir que é impossível escapar dos seus efeitos sobre sua própria vida.

3. Comunicando conectividade

Através de mensagens de texto, você está realmente tão perto de seus aprendizes como o telefone em seus bolsos. Isso permite não só uma comunicação em tempo real em situações de necessidade, como também envia uma importante mensagem, mesmo que o telefone não seja realmente usado: a dinâmica de mudança espiritual não se limita a uma sessão semanal de 30 minutos. Pelo contrário, é um processo contínuo. A simples perspectiva de que meus aprendizes poderiam receber uma mensagem de mim a qualquer momento, e a possibilidade que eles têm de entrar em contato comigo a qualquer momento, cria uma sensação de conectividade não só comigo como pessoa, mas também com a realidade de um processo de mudança em curso.

Mesmo que eu esteja a milhares de quilômetros de distância dos meus aprendizes, estou em constante conexão com eles. Algumas vezes me disseram que, quando começaram a me escrever uma mensagem de texto, perceberam como eu iria provavelmente reagir e, naquele momento, a resposta à sua pergunta era clara. Essas mensagens não enviadas provavelmente têm sido as mais eficazes!

"Você destruiu o meu prazer!"

No decurso de um processo de treinamento com Hector, um homem de negócios de 42 anos de idade, ele me contou sobre um problema com drogas que tinha sido escondido por muitos anos. Ele queria usar a Dinâmica de Mudança Espiritual para superar seu vício.

Era o desejo da mente racional de Hector se livrar de seu vício em maconha. Mas, quando mudamos para um nível mais profundo de comunicação, percebi que sua mente inconsciente estava longe de renunciar. Dada a influência que ela tinha sobre ele, a probabilidade de fumar novamente era extremamente elevada (embora, é claro, eu não disse nada disso para ele). Eu simplesmente lhe disse que, na próxima vez que acendesse um baseado (antes de inalar pela primeira vez), deveria escrever-me uma mensagem de texto dizendo: "Estou prestes a fumar maconha novamente. O baseado já está aceso. Vou passar os próximos 10 minutos usando drogas".

Na noite seguinte, eu realmente recebi a mensagem de texto esperada de Hector: "Christian, estou prestes a fumar maconha novamente. O baseado já está aceso". Dois minutos depois, uma segunda mensagem chegou: "Droga, definitivamente não é engraçado me comunicar com você, enquanto fumo meu baseado. Esqueça. Extingui o baseado. Tinha um gosto horrível. Você destruiu o meu prazer". Um minuto mais tarde, Hector recebeu uma mensagem de texto minha: "Você tem certeza que fui eu quem destruiu o seu prazer?" Raramente eu fiquei tão orgulhoso de ser percebido como um desmancha prazeres.

> **Mais na web:**
>
> Em 3colorsofleadership.org você encontrará respostas para as seguintes questões:
>
> - Por que a maioria das pessoas que começam um processo de mudança com sucesso, não consegue seguir adiante?
> - Como posso conseguir uma cópia do e-book, **Mensagens de texto na Dinâmica de Mudança Espiritual**?

O que tinha acontecido? Hector não esperava que eu, como seu treinador, aplicasse esse tipo de abordagem. Muito provavelmente, ele supôs que eu iria suplicar-lhe: "Hector, por favor, não fume", enquanto sua mente inconsciente estaria procurando a primeira oportunidade de pegar um baseado. Eu o levei a uma situação extremamente desconfortável, cheia de confusão deliberadamente planejada – minha "presença" no meio de seu consumo de drogas. Isso era algo totalmente diferente do que uma mera conversa intelectual sobre os perigos do abuso de drogas. E para Hector, essa confusão cuidadosamente induzida acabou por ser uma encruzilhada de mudança de vida.

Exemplos de perguntas de progressão para fazer a si mesmo e aos outros

Estimular o progresso constante	Defender movimentos ousados

Tendência A: Asa de capacitação mais fraca, asa de liderança mais forte

Estimular o progresso constante	Defender movimentos ousados

Tendência B: Asa de capacitação mais forte, asa de liderança mais fraca

Estimular o progresso constante	Defender movimentos ousados

Tendência C: Asas de capacitação e liderança aproximadamente as mesmas

Perguntas de Tendência A

- Você geralmente auxilia os outros na busca de recursos (como pessoas, ensinamentos, testes, oportunidades práticas) que irão ajudá-los a melhorar a si mesmos ou para simplesmente fazer o trabalho?

- Com que regularidade você dá relatórios de progresso às pessoas pelas quais é responsável? Você é realmente capaz de ver progresso considerável nas vidas delas? Como esse progresso se manifesta? Como você o mede?

- Como você classificaria seu desempenho (em uma área específica) em uma escala de 1 a 10? (Se a resposta for, digamos, 2:) O que você está fazendo no 2 que não fez no 1?

- Com que coerência você comemora os pequenos sinais de melhora na vida das pessoas pelas quais é responsável? Como você mostra a eles que estão chegando perto de seus objetivos? Como você acompanha seu crescimento e progresso?

- (Quando aplicado a uma série de reuniões de capacitação:) O que melhorou desde a nossa última reunião? O que você tem feito de forma diferente, a fim de ver essa melhora? O que vai fazer até a próxima reunião para continuar a crescer? O que mais?

Perguntas de Tendência B

- Quantas pessoas você ajudou a conseguir o que achavam que não era possível? Explique. Como você incentiva os outros a darem passos corajosos?

- Até que ponto os outros veem através de sua vida que é possível fazer uma diferença significativa no mundo?
- Em uma escala de 1 a 10, como você classificaria as expectativas que tem para as pessoas pelas quais é responsável (10, muito exigente; 1, nada exigente)? Seria bom aumentar suas expectativas? Como você poderia fazer isso na prática?
- Quando aplica técnicas de escala para definir metas, o que o impede de buscar um 10? O que você poderia melhorar nesse sentido?
- Até que ponto você é motivado (em oposição a frustrado) por desafios? Quão disposto tem sido para tentar coisas, mesmo que possa falhar? Você se vê como uma pessoa que nunca desiste?
- Você já experimentou situações em que foi mal-interpretado e criticado por outros por causa de suas ideias ou planos ousados? Como você costuma lidar com esse tipo de crítica?
- Em sua área de responsabilidade, o que você acha que é impossível, mas, fundamentalmente mudaria sua parte do mundo, se fosse colocado em prática?
- O que você tende a valorizar mais – a harmonia do grupo ou ver um grupo instigado até o limite de sua capacidade? Se você forçasse as pessoas a escolherem entre essas duas opções, elas o veriam como "legal" ou como "exigente"? Até que ponto você está disposto ou é capaz de viver com divergência?

Perguntas de Tendência C

- Você se vê como uma pessoa que incentiva as pessoas ao seu pleno potencial? Quais são as indicações de que teve sucesso nisso?
- Em comparação com onde você estava, digamos, há 5 anos, como classificaria seu crescimento pessoal? Como classificaria o crescimento entre as pessoas pelas quais é responsável?
- Qual é o seu principal ponto de referência quando avalia os outros: (a) um padrão de excelência, (b) seu desempenho anterior, (c) o potencial que você vê neles?
- O que você pretende fazer quando experimentar recaídas no futuro?
- Quão fácil é para você alternar entre estar perto e estar distante de pessoas com base na necessidade do momento? Como você poderia melhorar nessa área?
- Se um amigo lhe perguntasse qual foi o maior benefício do nosso encontro de hoje, o que você responderia?

A arte de capacitar futuros líderes

Há muitos fatores que podem minar seus esforços para capacitar outras pessoas. Na minha experiência, os três mais subestimados são os seguintes:

- Em primeiro lugar, a ambição de demonstrar dignidade profissional.
- Em segundo lugar, a vontade de receber a gratidão de seus aprendizes.
- Em terceiro lugar, o medo de ser superado.

A ambição de demonstrar dignidade profissional

Você pode ter observado que eu deliberadamente me esforço para evitar uma exposição de dignidade profissional. Não há quase nada mais contraproducente para um processo de capacitação do que o clima criado por tal ambição. Para ter certeza, todos nós devemos nos esforçar para sermos "profissionais" no sentido de investir o nosso melhor. Mas há uma noção generalizada de profissionalismo – focado em demonstrar o quão qualificado é o treinador – que resulta em um clima contrário ao de capacitação de liderança. Ele nos tenta a executar uma determinada função (e altamente previsível), em vez de ser totalmente transparente. Uma dramatização, na verdade; mas extremamente sem criatividade!

Os ingredientes principais da capacitação são abertura, honestidade e vulnerabilidade. Seu aprendiz precisa ver você como realmente é, com suas forças e fraquezas, seus medos e esperanças, suas seguranças e inseguranças. As pessoas não são capacitadas somente através dos princípios que você ensina, mas também através do que eles estudam em sua vida.

A vontade de receber gratidão

Não há nada de errado em seus aprendizes expressarem gratidão pelo apoio que recebem de você. No entanto, se você ouvi-lo dizer algo como: "Eu devo o que sou hoje a você", não se regozije, mas tome como uma indicação de que algo pode ter dado errado. É essencial manter a filosofia de que seus aprendizes, não você, recebam todo o crédito para seus sucessos. Se não deixar claro que cada passo de progresso é devido ao seu próprio trabalho, você ameaçou os frutos mais importantes da capacitação – responsabilidade e maturidade.

Christian: Ao longo dos últimos três meses você fez um incrível progresso.

Jacob: Isso é só por sua causa.

Christian: Talvez minha avaliação tenha sido prematura. Você realmente não se desenvolveu tão bem como eu pensei que tinha.

Jacob: O que você quer dizer?

Christian: Como já discutimos, o objetivo do nosso processo de capacitação é sua maturidade e responsabilidade. Como você me vê como fonte de seu progresso, ainda não está plenamente consciente do poder residente em você para enfrentar todas as situações imagináveis no futuro.

Capacitar a liderança requer constantemente sacrificar seu orgulho – um senso inflado de sua própria importância, incluindo a importância que você tem aos olhos de seu aprendiz. O filósofo chinês Lao Tzu formulou o princípio subjacente de uma maneira maravilhosa: "Quando o trabalho do melhor líder está feito, as pessoas dizem, 'Nós fizemos isso!' "

O medo de ser superado

Existem alguns líderes que se sentem ameaçados por pessoas que têm um grande potencial, porque temem que elas os ofusquem. Esse mecanismo psicológico – especialmente se não for percebido – é a razão número um para o estabelecimento de inúmeras estruturas incapacitantes, inclusive dentro da igreja.

Uma vez que o objetivo final da capacitação é desenvolver líderes fortes – não seguidores obedientes – a abordagem mais sábia como líder é investir em ajudar seus aprendizes a superarem você desde o início. Quando isso acontece, não é um acidente, é o objetivo explícito de toda a empreitada. E quando as pessoas que você tem capacitado, finalmente, escolhem seu próprio caminho, que pode ser muito diferente do seu, você fez um grande trabalho.

> **Mais na web:**
>
> *Em 3colorsofleadership.org você vai encontrar respostas para as seguintes questões:*
>
> • *Como posso encontrar mais informações detalhadas sobre os três fatores que ameaçam o processo de capacitação?*
>
> • *Qual é a filosofia por trás do foco de fazer perguntas em Dinâmica de Mudança Espiritual?*

Mudar o mundo sem publicidade

Ao aplicar os princípios de capacitação de liderança em sua área de responsabilidade, você vai, literalmente, mudar o mundo – sutilmente, sem publicidade alguma. Você vai iniciar aquelas mudanças pequenas, mas altamente significativas, que permitirão que a bola de neve role ladeira abaixo, crescendo e ganhando força. Tenho certeza de que esse é o resultado de meu investimento pessoal em capacitar outras pessoas. E espero que também seja o resultado deste livro. Ao olhar para trás em meu ministério, meu sentimento mais gratificante de realização está sempre conectado com as pessoas cujas vidas foram enviadas em uma direção diferente porque cruzaram com a minha.

Dinâmica de Mudança Espiritual é fazer perguntas. E nós temos visto que o principal objetivo dessas perguntas não é necessariamente encontrar as respostas, mas estimular processos criativos dentro de você e das pessoas pelas quais é responsável. Algumas pessoas acham esse processo frustrante; preferem fechar este livro e ter todas as suas perguntas respondidas, em vez de ter inúmeras novas perguntas para as quais as respostas ainda têm que ser encontradas.

O significado de perguntas sem resposta

Ao estudar as interações de Jesus com as pessoas, você vai observar que ele fez muito mais perguntas do que deu respostas. Ele, o filho de Deus, certamente sabia as respostas; e ainda havia boas razões pelas quais ele se tornou mais famoso como um fazedor de perguntas do que um doador de resposta.

À medida que avanço no meu ministério, sigo o conselho do famoso poeta alemão Rainer Maria Rilke, em suas *Cartas a um jovem poeta*: "Eu gostaria de implorar a você, tanto quanto posso, que tenha paciência com tudo que não estiver resolvido em seu coração e tente amar as perguntas em si, como se fossem quartos trancados ou livros escritos em idioma estrangeiro. Não pesquise em busca de respostas que não lhe podem ser dadas agora, porque você não as pode viver. E a questão é que tudo deve ser vivido. Viva as perguntas agora. Talvez, algum dia no futuro, sem perceber, você se familiarize com a resposta".

Dinâmica de Mudança PLUS: Além do básico

Se você estiver interessado em ir além do básico da Dinâmica de Mudança Espiritual, consulte *3colorsofleadership.org*. O mais importante apoio que nós fornecemos é o seguinte:

- Uma segunda senha para o Teste de Capacitação está incluída gratuitamente em cada cópia do livro (veja o marcador de página incluído). Você pode querer manter sua segunda senha para si mesmo (a fim de medir seu progresso em uma data posterior, sem custo adicional), mas também pode decidir dá-la a seu aprendiz. Aplicar a Dinâmica de Mudança Espiritual com base em ambos os seus resultados, tanto os seus quanto os de seu aprendiz, do Teste de Capacitação é um dos contextos mais promissores para o treinamento de liderança.

- Para cada uma das seis técnicas da *Dinâmica de Mudança Plus*, estamos desenvolvendo constantemente e-books atualizados, que fornecem (a) contextos teológicos, psicológicos e metodológicos de cada uma das técnicas sugeridas, e (b) instruções que são muito mais detalhadas do que os resumos gerais encontrados neste livro.

- O livro *As 3 cores da comunidade*, que está sendo publicado em paralelo ao *As 3 cores de liderança*, o ajudará a aplicar suas técnicas de liderança e capacitação no pequeno grupo. Sem dúvida, um pequeno grupo é o terreno de formação ideal para o desenvolvimento de liderança.